高等职业教育汽车类专业校企合作"互联网+"创新型教材

汽车车身电控系统
结构与检修

第 2 版

主编　刘春晖

参编　刘宝君　　王淑芳　　张洪梅

　　　刘逸宁　　张之猛

机械工业出版社

本书系统地介绍了现代汽车车身电控系统的基本结构、原理、检测方法、常见故障诊断及排除方法，主要内容包括：安全气囊与安全带系统、汽车巡航控制系统、汽车车载网络系统、汽车电动车窗与天窗系统、汽车电动座椅与电动后视镜系统、汽车防碰撞系统与导航系统。本书内容丰富、图文并茂、通俗易懂，在强调实用性、典型性的基础上，充分重视内容的先进性，尽可能反映出汽车车身电控系统中采用的新技术、新配置，并将相关视频制成二维码放在书中，方便读者学习。

本书既可作为职业院校汽车检测与安全技术专业、汽车制造与试验技术专业、汽车电子技术专业、汽车运用与维修技术专业教学用书，也可作为汽车维修行业的技师和修理工提高技能的自学用书。

本书配有电子课件，**凡使用本书作为教材**的教师可登录机械工业出版社教育服务网（www.cmpedu.com）注册后免费下载。咨询电话：010-88379375。

图书在版编目（CIP）数据

汽车车身电控系统结构与检修/刘春晖主编. —2版. —北京：机械工业出版社，2021.9（2025.1重印）

高等职业教育汽车类专业校企合作"互联网+"创新型教材

ISBN 978-7-111-69085-6

Ⅰ. ①汽… Ⅱ. ①刘… Ⅲ. ①汽车-车体-电子系统-控制系统-构造-高等职业教育-教材②汽车-车体-电子系统-控制系统-车辆修理-高等职业教育-教材 Ⅳ. ①U472.41

中国版本图书馆 CIP 数据核字（2021）第 184338 号

机械工业出版社（北京市百万庄大街22号　邮政编码100037）

策划编辑：张双国　责任编辑：张双国　葛晓慧

责任校对：张　征　封面设计：王　旭

责任印制：单爱军

北京虎彩文化传播有限公司印刷

2025 年 1 月第 2 版第 3 次印刷

184mm×260mm · 12 印张 · 295 千字

标准书号：ISBN 978-7-111-69085-6

定价：39.00 元

电话服务
客服电话：010-88361066
　　　　　010-88379833
　　　　　010-68326294
封底无防伪标均为盗版

网络服务
机　工　官　网：www.cmpbook.com
机　工　官　博：weibo.com/cmp1952
金　书　网：www.golden-book.com
机工教育服务网：www.cmpedu.com

前　言

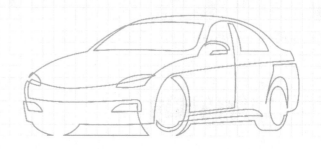

随着国民经济飞速发展和人民生活水平的普遍提高，汽车以前所未有的步伐快速迈进普通百姓的家庭。据中国汽车工业协会网站资料，2020年中国汽车产销近2600万辆，连续12年蝉联全球第一。我国的汽车拥有量以超过每年10%的速度递增，随之而来的巨大的汽车售后市场——汽车美容、养护、装饰、快修及至大修等成为一个庞大的黄金产业，为有志者提供了绝佳的创业良机。

在欧美等西方发达国家，汽车消费已相当成熟。据专家统计，因汽车消费而产生的利润大致按以下百分比分配：整车销售占20%，配件销售占20%，售后服务占60%。由此可以看出，在整个汽车消费过程中，利润产生比重最大的一块是汽车售后服务，这也就是为什么汽车销售商热衷于搞"3S""4S"店的主要原因。

本书在编写过程中以企业需求为依据，以就业为导向，以培养高素质技能型人才为根本任务，突出新技术、新工艺、新方法，将理论基础知识与检修实践技能相结合，具有较强的专业学习和实用参考价值；书中加入了课程思政元素，内容先进、图文并茂，具有较强的实用性。

本书的主要特点是：一线汽车修理厂的汽车维修技师参与编写、审核工作，重点阐述了汽车车身电控系统的故障检修，零部件的检测、维护、调整等实用操作技能；精简了基础理论知识，突出了实用技能；本书配有多媒体课件及相关习题集，书内相应位置插入小视频，供广大师生理解相关知识内容。

本书全面、系统地介绍了汽车车身电控系统各组成部分的功用、结构、工作原理及常见维护与检修项目，主要内容包括安全气囊与安全带系统、汽车巡航控制系统、汽车车载网络系统、汽车电动车窗与天窗系统、汽车电动座椅与电动后视镜系统、汽车防碰撞系统与导航系统。

本书由山东华宇工学院刘春晖任主编，参加本书编写工作的还有山东华宇工学院的刘宝君、王淑芳、张洪梅、刘逸宁，以及德州上汽大众瑞驰4S技术总监张之猛参与了本书的编写工作。

在本书编写过程中，编者借鉴和参考了大量国内外的汽车技术资料、维修资料和相关书籍，在此向其作者表示感谢！

由于编者水平所限，书中难免有错误和不当之处，恳请广大读者批评指正。

编　者

二维码清单

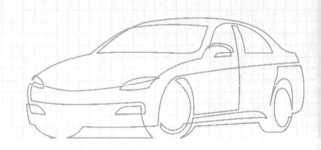

名　称	图　形	名　称	图　形
中控门锁开关的操作		其他车门电动玻璃升降器	
大众车灯开关的使用		大众车系巡航系统的操作	
手动座椅的调整		电动后视镜开关操作	
电动天窗开关的操作		电动天窗的开关操作演示	
电动玻璃升降器的操作		真空控制巡航系统的结构	

目 录

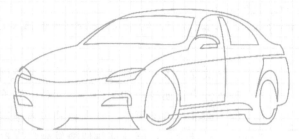

模块一

安全气囊与安全带系统

随着汽车保有量的迅速增加，汽车交通事故频繁发生，驾驶人和乘员的安全问题变得尤为重要。安全气囊的装备与使用避免了驾乘人员与转向盘、仪表板、风窗玻璃的碰撞，防止驾乘人员的头部和胸部受伤，降低了正面碰撞或侧面碰撞中驾乘人员的伤亡率。图 1-1 所示为碰撞过程中安全气囊所起的保护作用。

汽车的安全装置分为主动安全装置和被动安全装置两种。主动安全装置的功用是避免发生事故，被动安全装置的功用是减轻事故造成的伤害程度。目前，汽车上采用的被动安全装置主要有安全气囊控制系统和座椅安全带控制系统、护膝垫、两节或三节式转向柱等。

图 1-1　碰撞过程中安全气囊
所起的保护作用

任务一　认知安全气囊系统

一、任务引入

安全气囊系统（SRS）是座椅安全带的辅助装置，只有在使用安全带的条件下，该系统才能充分发挥保护驾驶人和乘员的作用。公安部和交通运输部规定：自 1993 年 7 月 1 日起，所有轿车和中小客车在行驶过程中，驾驶人必须系上安全带。

二、任务目标

1）了解汽车碰撞导致人体遭受伤害的原因。

2）掌握安全气囊的功用和类型。

3）引导学生养成认真负责的工作态度，增强学生的责任担当，树立大局意识和核心意识。

三、相关知识

1. 汽车碰撞导致人体遭受伤害的原因

当汽车发生碰撞时，汽车与汽车或汽车与障碍物之间的碰撞称为一次碰撞。一次碰撞后，汽车速度将急剧变化，驾驶人和乘员就会受到惯性力的作用而向前运动，其头部和胸部会与车内的转向盘、风窗玻璃或仪表板等构件发生碰撞，这种碰撞称为二次碰撞。在车辆事

故中，导致驾驶人和乘员遭受伤害的主要原因是二次碰撞。

碰撞分为正面碰撞和侧面碰撞两种。当汽车发生正面碰撞时，在惯性力的作用下，驾驶人头部、面部或胸部可能与转向盘和风窗玻璃发生二次碰撞，前排乘员可能与仪表板发生二次碰撞，后排乘员可能与前排座椅发生二次碰撞；当汽车遭受侧面碰撞时，驾驶人和乘员可能与车门、车门玻璃或车门立柱发生二次碰撞。车速越高，惯性力越大，遭受伤害的程度就越大。

2. 安全气囊的功用

当汽车遭受碰撞导致车速急速下降时，安全气囊迅速膨胀，在驾驶人、乘员与车内构件之间迅速铺垫一个气垫（图1-2），利用气囊排气节流的阻尼作用来吸收人体惯性力产生的动能，从而减轻人体遭受伤害的程度。正面气囊的主要功用是保护驾驶人和乘员的面部与胸部，侧面气囊的主要功用是保护驾驶人和乘员的头部与腰部，如图1-3所示。大量统计和实测数据表明：在汽车发生碰撞时，正确使用安全带和安全气囊可使头部受伤率减少25%左右，面部受伤率减少80%左右。

图 1-2 安全气囊的作用

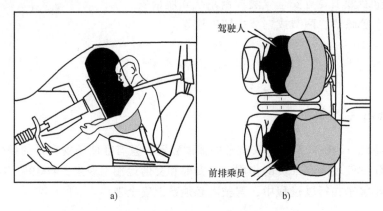

a)   b)

图 1-3 汽车遭受正面碰撞时安全气囊的作用情况

a）驾驶人侧气囊 b）驾驶人侧与乘员侧气囊

3. 安全气囊的类型

（1）按照安全气囊的数量分类 按照安全气囊系统中气囊数量的不同，可将其分为单气囊系统、双气囊系统和多气囊系统。单气囊系统只在驾驶人转向盘上安装一个安全气囊，仅起保护驾驶人的作用。双气囊系统在驾驶人转向盘和前仪表板上各安装一个安全气囊，可保护驾驶人和前排乘员。多气囊系统除了在驾驶人转向盘和仪表板上各安装一个安全气囊外，在车门、座椅侧面也安装安全气囊。

（2）按照安全气囊引爆控制方式分类 按照安全气囊引爆控制方式的不同，可将其分为机械式和电子式两类。机械式安全气囊采用机械方式检测和引爆气囊，目前已很少使用。电子式安全气囊采用传感器和电控单元检测、控制气囊的引爆，是目前普遍采用的安全

气囊。

（3）按照安全气囊的大小分类 按照安全气囊大小的不同，可将其分为保护整个上身的大型气囊和主要保护面部的小型护面气囊。

（4）按照安全气囊保护对象分类

1）驾驶人侧安全气囊。驾驶人侧安全气囊如图1-4所示，是轿车上采用得最广泛的一种安全气囊，在轿车发生正面碰撞时对驾驶人起保护作用。

2）前排乘员侧安全气囊。前排乘员可以是成年人，也可能是儿童，坐姿是各种各样的。发生碰撞事故时，前排乘员会与仪表板、前风窗玻璃、窗框及门框等发生碰撞，因此，为保护前排乘员在撞车时免受伤害，前排乘员用安全气囊较大，如图1-4所示。

3）侧面防撞用安全气囊。根据使用要求不同，侧面防撞用安全气囊可以装在车门上横梁中（图1-5）、车门内板中（图1-6）或座椅侧面及座椅间（图1-7）。车门上横梁中的侧面防撞用安全气囊用来保护乘员的头部。装在车门内板中的侧面防撞用安全气囊和装在座椅侧面的侧面防撞用安全气囊用来保护乘员的胸部和心脏、肺脏等重要器官。

图1-4 驾驶人侧及前排乘员侧安全气囊

图1-5 安装在车门上横梁中的侧面防撞用安全气囊

图1-6 安装在车门内板中的侧面防撞用安全气囊

图1-7 座椅间侧面防撞用安全气囊

4）后排乘员侧安全气囊。通常后排座不设置安全保护装置，但近年来后排乘员的安全防护逐渐开始受到重视，已经开始在后排座上安装安全带，并开发和配备了后排乘员侧安全气囊（包括后排乘员侧防侧撞安全气囊，如图1-8所示）。

5）下肢用安全气囊。保护驾驶人下肢用的下肢安全气囊如图1-9所示，由一个安全气

囊和气体发生器组成，容积可达13L。在汽车发生碰撞时，下肢用安全气囊能够有效地防止驾驶人的下肢、小腿和膝部与各种踏板、操纵杆等发生碰撞，对驾驶人的下肢、小腿和膝部进行保护。下肢用安全气囊安装在仪表板下部的前围板上，其结构与其他安全气囊的结构基本相似。

图 1-8 后排乘员侧防侧撞安全气囊

图 1-9 下肢用安全气囊

6）车顶部安全气囊。一些高档豪华轿车在车顶的两侧配有两条管状气囊（图1-10），在意外情况发生时能够有效地缓解来自车顶上方的下压力，配合窗帘式安全气囊能够有效地保护乘员的头部和颈部。

7）窗帘（屏蔽）式安全气囊。由于侧面防撞用安全气囊不能全部覆盖侧窗，玻璃的碎片可能溅入车厢内伤到乘员的脸部或身体，有的轿车上配备了以窗帘状展开的气囊，称为窗帘式安全气囊。窗帘式安全气囊在车辆遭受侧面碰撞时，与侧面防撞用安全气囊同时展开。其安装位置位于车顶纵梁的内衬中，如图1-11所示。

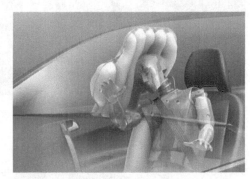

图 1-10 车顶部安全气囊

8）车外安全气囊。车外安全气囊又称为保险杠内藏式气囊，如图1-12所示。当汽车在正面碰撞行人时，气囊迅速向前张开和向两侧举升，托起被撞行人，同时防止行人跌向两侧。

图 1-11 窗帘式安全气囊

图 1-12 车外安全气囊

任务二　认知安全气囊系统的控制过程及有效范围

一、任务引入

当汽车遭受正面碰撞和侧面碰撞时，安全气囊系统的控制原理完全相同。正面碰撞安全气囊系统的控制原理如图 1-13 所示，侧面碰撞安全气囊系统的控制原理如图 1-14 所示。

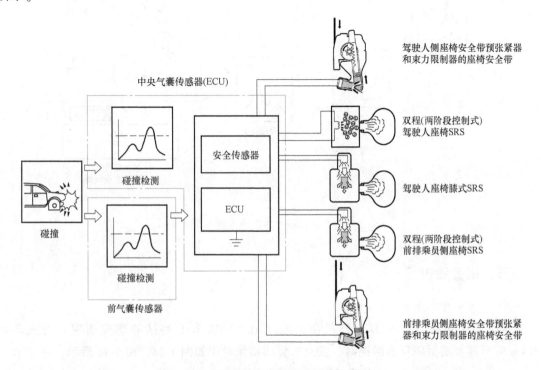

图 1-13　正面碰撞安全气囊系统的控制原理

当汽车遭受前方或侧面一定角度范围内的碰撞时，安装在汽车前部和 SRS ECU 内部的碰撞传感器同时检测到汽车突然减速的信号，并将信号输入 SRS ECU，以便判断是否发生碰撞。当汽车遭受碰撞且减速度达到设定阈值时，SRS ECU 发出控制指令使点火器引爆点火剂，点火剂引爆时产生大量热量，使充气剂受热分解并释放出大量氮气充入气囊，气囊便冲开气囊组件上的装饰盖并迅速膨胀，在人体与车内构件之间形成一个气垫，将人体与车内构件之间的硬性碰撞变为弹性碰撞，通过气囊产生变形和排气节流来吸收人体碰撞产生的动能，从而达到保护乘员的目的。

二、任务目标

1）了解安全气囊的有效范围。

2）掌握安全气囊系统的控制过程。

3）培养学生遵守职业道德和职业规范。

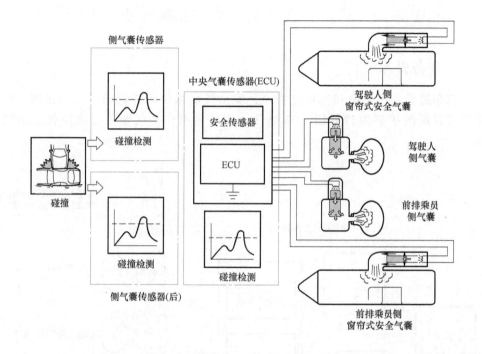

图 1-14　侧面碰撞安全气囊系统的控制原理

三、相关知识

1. 安全气囊系统的控制过程

根据德国博世（BOSCH）公司在奥迪（Audi）轿车上的试验研究表明：当汽车以 50km/h 车速与前面障碍物碰撞时，安全气囊的动作时序如图 1-15、图 1-16 所示。

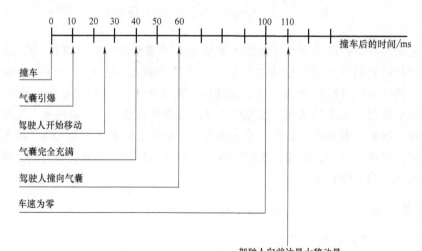

图 1-15　气囊引爆时序图

1）碰撞 10ms 后，安全气囊达到引爆极限，点火器引爆点火剂并产生大量热量，充气剂分解，驾驶人未动作，如图 1-16a 所示。

2）碰撞 40ms 后，气囊完全充满，体积最大，驾驶人前移，安全带斜系在驾驶人身上并拉紧，部分冲击能量已被吸收，如图 1-16b 所示。

3）碰撞 60ms 后，驾驶人头部及身体上部压向气囊，气囊的排气孔在气体和人体压力作用下排气节流吸收人体与气囊之间弹性碰撞产生的动能，如图 1-16c 所示。

4）碰撞约 100ms 后，碰撞危害解除，车速降低直至为零。

5）碰撞约 110ms 后，大部分气体已从气囊逸出，驾驶人身体上部回到座椅靠背上，汽车前方恢复视野，如图 1-16d 所示。

由此可见，从开始充气到完全充满约为 40ms，从汽车遭受碰撞开始到气囊收缩为止，所用时间仅为 120ms（人们眨一下眼皮所用时间约为 200ms）。因此，安全气囊在碰撞过程中动作时间极短，气囊动作状态和经历时间无法用肉眼确认。目前世界各国广泛采用模拟人体进行碰撞试验。

2. 安全气囊的有效范围

安全气囊并不是在任何碰撞中都会启动，发生正面碰撞时只有满足碰撞角度（汽车受撞击方向与车辆的中心线夹角）小于 30°（发生正面碰撞，且方向在汽车总轴线两侧 30°）和碰撞强度足够大这两个条件时才启动，如图 1-17 所示。选装侧面气囊的碰撞角度范围如图 1-18 所示。即正面冲击力与汽车轴线夹角必须小于 30°，车速超过 25km/h 才会启动。因为低于 25km/h 的车速发生碰撞，虽然能够损坏汽车头部，但是汽车头部的塑性变形区和安全带已经可以为乘员提供有效的保护。

在发生下列情况时，正面气囊不会引爆充气：

1）汽车遭受侧面碰撞超过斜前方 30°时（图 1-19a）。

2）汽车遭受横向碰撞时（图 1-19b）。

3）汽车遭受后方碰撞时。

4）汽车发生绕纵向轴线侧翻时（图 1-19c）。

5）纵向减速度未达到设定阈值时。

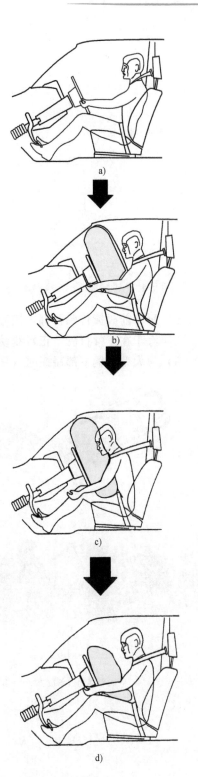

图 1-16　安全气囊系统的动作时序
a）10ms 后　b）40ms 后
c）60ms 后　d）110ms 后

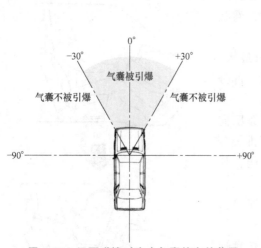

图 1-17 正面碰撞时安全气囊的有效范围　　　　图 1-18 选装侧面气囊的碰撞角度范围

6）所有前碰撞传感器都未接通或 SRS ECU 内部的安全传感器未接通时。

7）汽车在正常行驶、正常制动或在路面不平的道路条件下行驶时。

8）与大型车辆下部碰撞时（图 1-19d）。

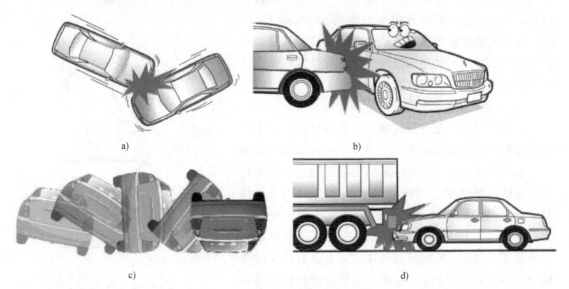

a)　　　　　　　　　　　　　　　　b)

c)　　　　　　　　　　　　　　　　d)

图 1-19 正面气囊不引爆的情况

a）侧面碰撞超过斜前方30°　b）横向碰撞　c）绕纵向轴线侧翻　d）与大型车辆下部碰撞

任务三　认知安全气囊的结构和工作原理

一、任务引入

安全气囊主要由传感器、电控单元（ECU）、气囊组件、安全气囊警告灯等组成，其主

要部件在汽车上的位置如图 1-20 所示。

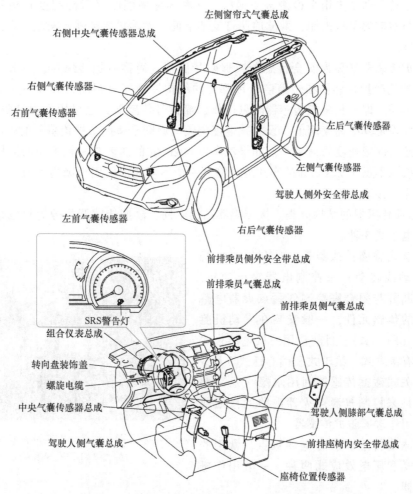

图 1-20 安全气囊主要部件在汽车上的位置

二、任务目标

1) 掌握安全气囊传感器的结构和控制机理。
2) 掌握安全气囊组件的结构。
3) 培养学生辨证认识问题的能力。

三、相关知识

1. 传感器

传感器是安全气囊主要的控制信号输入装置。其作用是检测、判断汽车发生事故时的碰撞强度信号，并将此信号输入电控单元，以供电控单元判断是否引爆充气元件使气囊充气。

碰撞传感器种类繁多、形式各异，常用的碰撞传感器可按用途与结构进行分类。

1) 按碰撞传感器的用途分类。碰撞传感器相当于一只控制开关，其工作状态取决于汽车碰撞时的减速度大小。安全气囊传感器按功能的不同，可分为碰撞信号传感器和碰撞防护

传感器两种类型。

碰撞信号传感器主要用来检测碰撞强度，又称为碰撞烈度（激烈程度）传感器，安装在汽车左前与右前翼子板内侧，两侧前照灯支架下面，发动机散热器支架左、右两侧，左右仪表板下面等。

碰撞防护传感器又称为安全传感器或保险传感器，简称防护传感器，一般安装在 SRS ECU 内部。碰撞防护传感器和碰撞信号传感器的结构原理完全相同，其唯一区别是设定的减速度阈值不同。即一只碰撞传感器既可用作碰撞信号传感器，也可用作碰撞防护传感器，但是必须重新设定其减速度阈值。设定减速度阈值的原则是碰撞防护传感器的减速度阈值比碰撞信号传感器的减速度阈值稍小。如果汽车以 40km/h 的速度与一辆停驶的同样大小的汽车相碰撞，或以不低于 22km/h 的车速迎面撞到一个不可变形的固定障碍物时，碰撞信号传感器便会动作，接通搭铁回路。

2）按碰撞传感器的结构分类。按传感器结构不同，碰撞传感器可分为机电结合式、水银开关式和电子式 3 种。

机电结合式碰撞传感器是一种利用机械机构运动（滚动或转动）来控制电器触点动作，再由触点的断开与闭合来控制气囊点火器电路接通与切断的传感元件，一般安装在发动机舱前纵梁上面（图 1-21）。目前常用的机电结合式碰撞传感器有滚球式、滚轴式和偏心锤式 3 种。

水银开关式碰撞传感器利用水银（汞）导电良好的特性来控制气囊点火器电路的接通或切断，一般用作碰撞防护传感器。

电子式碰撞传感器没有电器触点，常用的有压阻效应式和压电效应式两种，一般用作碰撞防护传感器。

安装在发动机舱前纵梁上面的碰撞传感器，以机电结合式居多

图 1-21　安装在发动机舱前纵梁上面的碰撞传感器

2. 电控单元

安全气囊电控单元（SRS ECU）是安全气囊系统的核心部件，其外形如图 1-22 所示，主要由安全气囊逻辑模块、能量存储装置（电容）、电路插接器等组成。SRS ECU 一般与安

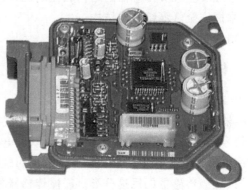

图 1-22　SRS ECU

全传感器一起被制作在安全气囊控制组件中，通常安装在驾驶室变速杆前、后的装饰板下面如图 1-23 所示。SRS ECU 电路如图 1-24 所示。

3. 气囊组件

气囊组件主要由气囊、气体发生器、点火器、衬垫、饰盖和底板等组成。其中，驾驶人侧气囊组件位于转向盘中心处，前排乘员侧气囊组件位于仪表板右侧、杂物箱的上方，侧面气囊组件位于前排座椅的靠背里。

图 1-23　SRS ECU 的安装位置

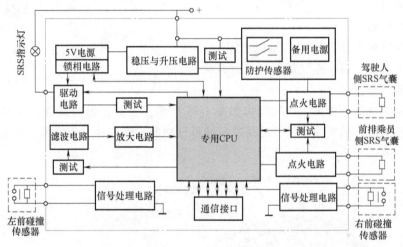

图 1-24　SRS ECU 电路

（1）气囊　气囊一般由尼龙布制成，采用机器缝制，有些气囊在缝制的同时还采用粘接技术。气囊在静止状态时，像降落伞未打开时一样折叠成包，安放在气体发生器上部与气囊饰盖之间，如图 1-25、图 1-26 所示。气囊充气膨胀展开后，能吸收冲击能量，保护驾驶人和乘员的头部和胸部，减少受伤率及受伤程度，而气囊上的小孔，在充气后就进行排气，使气囊逐渐变软，加强缓冲作用并防止车内人员受到二次伤害。

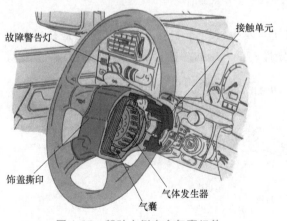

图 1-25　驾驶人侧安全气囊组件

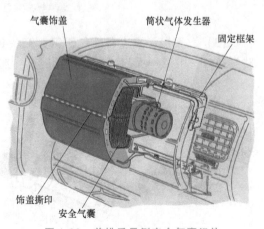

图 1-26　前排乘员侧安全气囊组件

（2）气体发生器　气体发生器又称为充气器，用于在点火器引爆点火剂时产生气体向气囊充气，使气囊膨胀打开。气体发生器用专用螺栓和专用螺母固定在气囊支架上，装配时只能用专用工具进行装配。

充气剂普遍采用叠氮化钠片状合剂。目前，大多数气体发生器都是利用热效反应产生氮气而充入气囊。在点火器引爆点火剂瞬间，点火剂会产生大量热量，叠氮化钠受热立即分解释放氮气，并从充气孔充入气囊。虽然氮气是无毒气体，但是叠氮化钠的副产品有少量的氢氧化钠和碳酸氢钠（白色粉末），这些物质是有害的，因此在清洁气囊膨开后的车内空间时，应保证通风良好并采取防护措施。

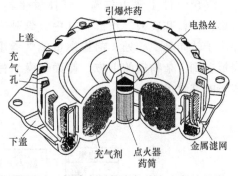

图1-27　驾驶人侧气囊气体发生器的结构

驾驶人侧气囊气体发生器的结构如图1-27所示，主要由上盖、下盖、充气剂（片状叠氮化钠）和金属滤网等组成。

前排乘员侧气囊气体发生器的结构如图1-28所示，主要由密封端塞、自点火火药、振荡管、主气发生器、辅气发生器、过滤器、成形过滤器、爆炸片、起爆药、壳体、密封垫及排气喷嘴等组成。

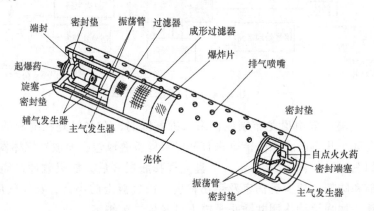

图1-28　前排乘员侧气囊气体发生器的结构

（3）点火器　点火器外包铝箔，安装在气体发生器内部中央位置。其作用是在气囊电路接通时，引爆点火剂，产生热量使充气剂分解。点火器的结构如图1-29所示。

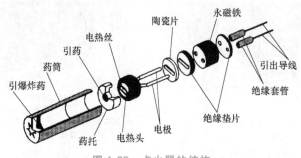

图1-29　点火器的结构

点火器的功用：当 SRS ECU 发出点火指令使电热丝电路接通时，电热丝迅速红热引爆引药，炸药瞬间爆炸产生热量，药筒内温度和压力急剧升高并冲破药筒，使充气剂（叠氮化钠）受热分解释放氮气充入气囊。

（4）衬垫　衬垫是气囊组件中非常重要的组成部分，由聚氨酯制成。在制造过程中使用了很薄的水基发泡剂，所以重量特别轻。平时它作为转向盘的上表面把气囊与外界隔离开，既起到了维护作用，又起到了装饰作用。气囊膨胀打开时，它在气囊爆发力的作用下快速及时断裂开，使安全气囊展开过程毫无阻碍。

（5）饰盖和底板　饰盖是气囊组件的盖板，上面模制有撕缝，以便气囊能冲破饰盖膨胀打开，如图 1-30 所示。饰盖上通常贴有安全气囊标识。气囊和充气器装在底板上，底板装在转向盘或车身上，气囊膨胀打开时，底板承受气囊的反力。

图 1-30　驾驶人侧和前排乘员侧安全气囊饰盖

a）驾驶人侧安全气囊饰盖　b）前排乘员侧安全气囊饰盖

4. 安全气囊指示灯

安全气囊指示灯又称为 SRS 警告灯，一般安装在驾驶室仪表板下面，并在仪表板相应位置制作有气囊动作图形或 "SRS" "AIR BAG" "SRS AIR BAG" 等字母，如图 1-31 所示。

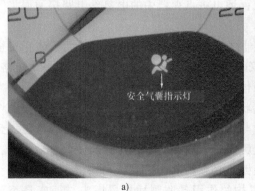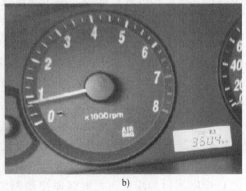

图 1-31　安全气囊指示灯

安全气囊指示灯的功用是指示安全气囊是否处于正常状态。当点火开关转到 ON 位置后，如果安全气囊指示灯亮或闪亮 6s 后自动熄灭，表示安全气囊系统功能正常。如果安全

气囊指示灯不亮、一直点亮或在汽车行驶中突然亮或闪亮，表示自诊断系统发现安全气囊系统有故障，应及时排除。自诊断系统在控制安全气囊指示灯亮或闪亮的同时，还会将所发现的故障编成代码存储在存储器中。检查或排除安全气囊系统故障时，首先应使用专用检测仪器或通过特定方式从通信接口（诊断插座）调出故障码，以便快速查询与排除故障。

实践证明，在汽车遭受碰撞使安全气囊膨开后，故障码一般都难以调出。如此设计的目的是在安全气囊引爆后，必须更换 SRS ECU 和系统的全部零部件。

5. 安全气囊系统线束与保险机构

为了便于区别电气系统线束插接器，安全气囊系统的插接器与汽车其他电气系统的插接器有所不同。过去曾采用深蓝色插接器，目前安全气囊系统的插接器绝大多数采用黄色插接器。安全气囊系统的插接器采用导电性能和耐久性能良好的镀金端子，并设计有防止气囊误爆机构、端子双重锁定机构、插接器双重锁定机构和电路连接诊断机构等，用以保证气囊系统可靠工作。丰田花冠（COROLLA）轿车 SRS 采用的线束插接器如图 1-32 所示。

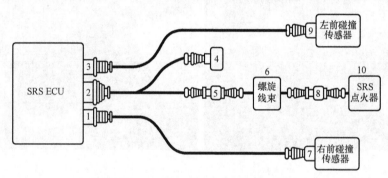

图 1-32　丰田花冠（COROLLA）轿车 SRS 采用的线束插接器
1、2、3—SRS ECU 插接器　4—SRS 电源插接器　5—螺旋线束与 SRS ECU 之间的中间线束插接器
6—螺旋线束　7—右前碰撞传感器插接器　8—SRS 点火器与螺旋线束之间的插接器
9—左前碰撞传感器插接器　10—SRS 点火器

（1）防止气囊误爆机构　安全气囊系统在线束插接器中采用了防止气囊误爆机构，其作用是防止在维修和拆装过程中，由于静电或误通电将点火器中的电热丝电路接通而将气囊引爆。

如图 1-32 所示，从 SRS ECU 至 SRS 点火器之间的插接器 2、5、8 均采用了防止安全气囊误爆的短路片机构。如图 1-33 所示，防止安全气囊误爆机构是在插接器中设一个短路片，当插接器插头与插座接在一起时，插头的绝缘体将短路片顶起，短路片与点火器的两个端子分开，点火器中的电热丝电路处于正常的连接状态；当插接器插头拔下时，短路片自动将点火器的两个引线端子短接，使点火器的电热丝与短路片构成回路，此时即使误将电源加到点火器上，点火器也不会引爆，从而防止安全气囊误爆。插接器短路片有的设置在插头上，有的设置在插座上，其作用效果完全相同，但短路片必须靠近 SRS 点火器一侧。

（2）电路连接诊断机构　电路连接诊断机构的作用是监测插接器插头与插座是否可靠连接。图 1-32 中前碰撞传感器插接器及其与 SRS ECU 连接的插接器 1、3、7、9 采用了电路连接诊断机构。

电路连接诊断机构的结构如图 1-34 所示。在插接器插头（或插座）上，设置有一个诊断销。在插接器插座上设置有两个诊断端子，端子上设有弹簧片，其中一个诊断端子与碰撞

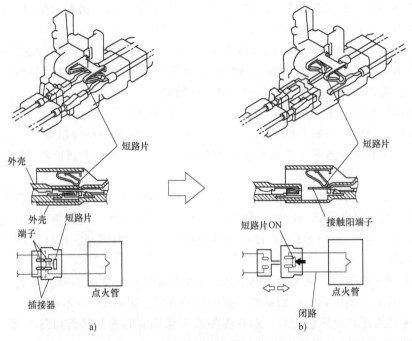

图 1-33 防止安全气囊误爆机构

a）插接器正常连接时，短路片与端子脱开 b）插接器拔开时，短路片将端子短接

传感器的某一个触点相连，另一个诊断端子经过一个电阻（丰田车系为 755~885Ω）后与碰撞传感器的另一个触点相连。

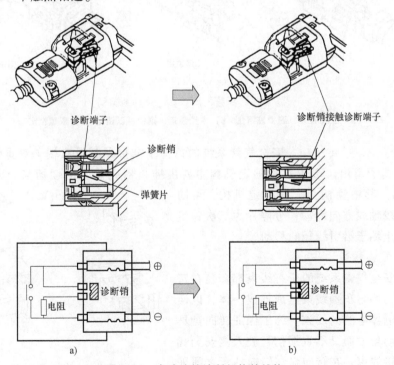

图 1-34 电路连接诊断机构的结构

a）半连接时 b）可靠连接时

当传感器插头与插座未可靠连接时，诊断端子与诊断销尚未接触，如图1-34a所示，此时电阻尚未与传感器触点构成并联电路，插接器引线"+"与"-"之间的电阻为无穷大。因为"+""-"引线与 SRS ECU 插接器1或3（图1-32）的插头连接，所以当 SRS ECU 监测到碰撞传感器的电阻为无穷大时，即判定插接器连接不可靠，诊断监测电路就控制 SRS 指示灯闪亮报警，同时将故障编成代码存储在存储器中。

当传感器插头与插座可靠连接时，诊断端子与诊断销可靠接触，如图1-34b所示，此时电阻与碰撞传感器触点构成并联电路。因为碰撞传感器触点为动合触点，所以当 SRS ECU 检测到阻值为并联电阻阻值（丰田车系为 $755\sim885\Omega$）时，即判定插接器可靠连接，传感器电路连接正常。

（3）插接器双重锁定机构 安全气囊系统在线束的重要连接部位的插接器都采用了双重锁定机构，用于锁定插接器的插头与插座，防止插接器脱开。插接器双重锁定机构的结构如图1-35所示，其上有主锁和两个凸台以及锁柄能够转动的副锁。插接器双重锁定机构的工作原理如下：

1）当主锁未锁定时，插头上的两个凸台阻止副锁锁定，如图1-35a所示。

2）当主锁完全锁定时，副锁锁柄才能转动并锁定，如图1-35b所示。

3）当主锁与副锁双重锁定后，插接器的插头和插座的连接状态如图1-35c所示，从而防止插接器的插头和插座脱开。

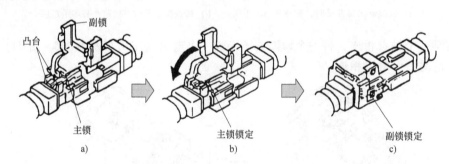

图1-35 插接器双重锁定机构的结构

a）主锁打开，副锁被挡住 b）主锁锁定，副锁可以锁定 c）双重锁定

（4）端子双重锁定机构 安全气囊系统的每一个插接器都设有端子双重锁定机构，用于阻止引线端子滑出。端子双重锁定机构主要由插接器壳体上的锁柄与分隔片组成，如图1-36所示。其中锁柄为一次锁定机构，可防止端子沿引线轴线方向滑动；分隔片为二次锁定机构，可防止端子沿引线径向移动。

6. 安全气囊线束

目前，安全气囊系统的所有线束都套装在黄色波纹管内，并与车颈线束总成连成一体，以便区别于其他电器电路的线束。为了保证转向盘具有足够的转动角度而又不致损伤驾驶人侧安全气囊组件的连接线束，在转向盘与转向柱管之间采用了螺旋线束（也称螺旋弹簧、游丝或时钟弹

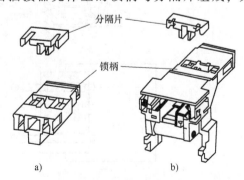

图1-36 端子双重锁定机构

a）插头 b）插座

簧），如图 1-37 所示，其安装位置和安装标记分别如图 1-38、图 1-39 所示。

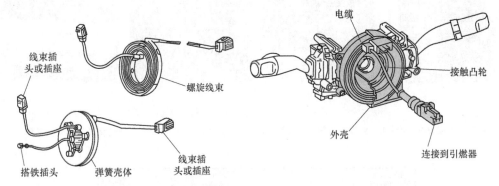

图 1-37 螺旋线束

图 1-38 螺旋线束的安装位置

图 1-39 螺旋线束的安装标记

任务四 认知奥迪车系安全气囊系统

一、任务引入

奥迪车型上安装的被动保护系统有驾驶人侧安全气囊、前排乘员侧安全气囊、前座椅爆炸锁紧安全带、前后头枕、车门防撞梁、可伸缩转向柱防撞踏板机构、安全车门锁等。图 1-40 所示为奥迪车型常见安全气囊的安装情况，最多可安装 10 个安全气囊。为了提醒维修人员注意安全气囊的存在，不要引起安全气囊的误触发，在装有安全气囊的车上都设置相应的标志，如图 1-41 所示。

二、任务目标

1) 掌握奥迪轿车安全气囊系统的工作过程。
2) 掌握奥迪轿车安全气囊系统的部件结构。
3) 培养学生辨证认识问题的能力。

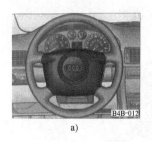

a)

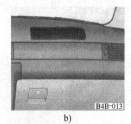

b)

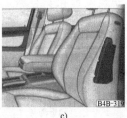

c)

d)

图 1-40 大众奥迪车型常见安全气囊的安装情况

a) 驾驶人侧安全气囊 b) 前排乘员侧安全气囊 c) 侧安全气囊 d) 窗帘式安全气囊（头部安全气囊）

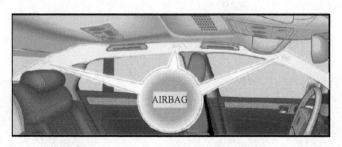

图 1-41 安全气囊位置标志

三、相关知识

奥迪轿车安全气囊系统元件及传感器位置如图 1-42 所示，系统组成如图 1-43 所示。该系统包含驾驶人侧安全气囊和前排乘员侧安全气囊、前座侧安全气囊（保护人体的胸部和腰部）、选装后座侧安全气囊、识别传感器、三点引爆式前座椅安全带、三点引爆式后座椅安全带、中央包围安全带（固定后座长椅）、6 个碰撞传感器、2 个前部碰撞传感器、2 个驾驶人/前排乘员侧安全气囊碰撞传感器（安装在 B 柱上检测侧面碰撞的发生）、2 个驾驶人/前排乘员后侧安全气囊碰撞传感器（安装在 C 柱上检测侧面碰撞的发生）。

图 1-42 奥迪轿车安全气囊系统元件及传感器位置

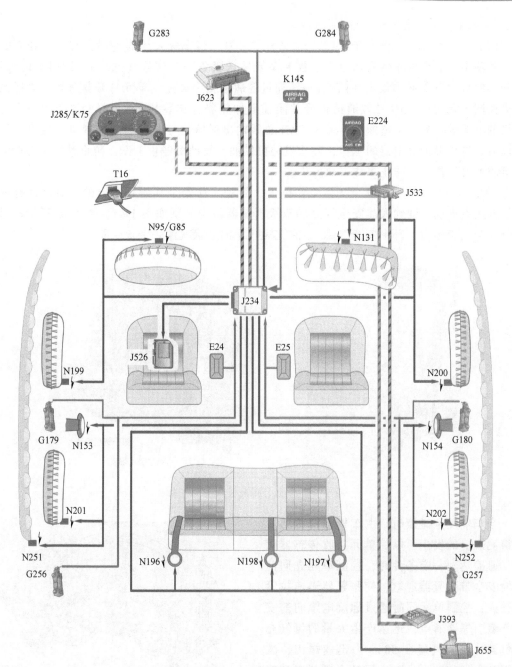

图 1-43 奥迪轿车安全气囊系统组成

K75—安全气囊指示灯　K145—前排乘员侧安全气囊关闭指示灯　N95—驾驶人侧安全气囊触发器
N131—前排乘员侧安全气囊触发器　N153—驾驶人侧安全带张紧触发器　N154—前排乘员侧安全带张紧触发器
N196—左后座安全带张紧触发器　N197—右后座安全带张紧触发器　N198—后座中间安全带张紧触发器
N199—驾驶人侧面安全气囊触发器　N200—前排乘员侧面安全气囊触发器　N201—左后座侧面安全气囊触发器
N202—右后座侧面安全气囊触发器　N251—驾驶人头部安全气囊触发器　N252—前排乘员头部安全气囊触发器
T16—插头，16 孔诊断接口　E24—驾驶人安全带开关　E25—前排乘员侧安全带开关　E224—前排乘员侧安全气囊关闭钥匙开关
G85—转向角传感器　G179—驾驶人侧面安全气囊碰撞传感器（B柱）　G180—前排乘员侧面安全气囊碰撞传感器（B柱）
G256—左后座侧面安全气囊碰撞传感器　G257—右后座侧面安全气囊碰撞传感器　G283—驾驶人侧安全气囊碰撞传感器
G284—前排乘员侧安全气囊碰撞传感器　J234—安全气囊控制单元　J285—组合仪表内带显示屏的控制单元
J393—舒适系统中央控制单元　J526—电话/Telematic 控制单元　J533—数据总线诊断接口（网关）
J623—发动机控制单元　J655—蓄电池电路切断继电器

1. 奥迪轿车安全气囊系统工作过程

（1）**安全气囊系统与其他系统之间的通信过程** 当车辆发生碰撞时，有两个独立的碰撞信号输出：一个碰撞信号通过电话控制单元发送紧急呼叫信号（选装），同时车门解锁，打开车内灯（开关必须设定在门控档），通过舒适系统中央控制单元打开紧急灯，舒适系统中央控制单元通过 CAN 总线通信信号关闭辅助加热器（选装）、断开蓄电池的起动机与发电机的电源线；另一个碰撞信号通过 CAN 总线输出通信信号，发动机控制单元接收到该信号以后，停止燃油继电器的工作，停止发动机供油，发动机停止工作，防止燃油意外泄漏导致事故的升级扩大，防止爆炸事故发生。

（2）**双级前部驾驶人安全气囊工作过程** 驾驶人前安全气囊是双级的，每级都有独立的触发用点火剂。驾驶人前安全气囊和双级引爆器结构分别如图 1-44、图 1-45 所示。驾驶人侧安全气囊称为"环形安全气囊"，它充满气后的形状就像一个救生圈。

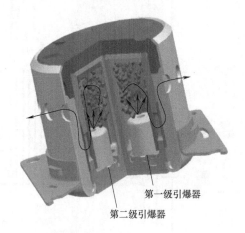

第一级引爆器

第二级引爆器

图 1-44 双级前部驾驶人安全气囊

当车辆发生碰撞时，由车辆前部传感器来检测碰撞的发生，电控单元接收传感器信号，碰撞达到一定条件时，控制单元先向前座椅安全带张紧器通电，使张紧器迅速拉紧驾驶人；控制单元同时通过螺旋电缆向前安全气囊引爆器通电，迅速产生大量的氮气充入气囊，使前气囊在 50ms 内迅速爆出，减小驾驶人的前冲力，防止驾驶人撞到车玻璃与仪表板。大约 100ms 后，气囊充气结束，气囊不断进行放气，车辆发生反弹，驾驶人停止前冲，恢复正常状态。

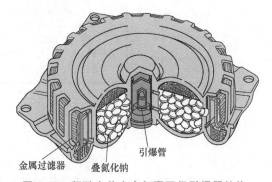

引爆管

金属过滤器　　叠氮化钠

图 1-45 驾驶人前安全气囊双级引爆器结构

（3）**前排乘员侧安全气囊工作过程** 前排乘员侧安全气囊是双级的，其双级引爆器结构如图 1-46 所示。双级安全气囊内部包括两套机构，每套机构均由独立的引爆器、推进剂、储气罐、电路等组成。在车辆发生碰撞以后，双级安全气囊中的一级气囊先引爆，1 号引爆器触发，点燃 1 号推进剂叠氮化钠固体，叠氮化钠在火焰的作用下产生大量氮气迅速推开推

杆，储气罐压力迅速升高，大量氮气通过气室的通道迅速进入到气囊，使气囊引爆。1号引爆器工作以后，2号引爆器工作，点燃2号引爆器对应的固体叠氮化钠，大量氮气迅速补充到气囊中，实现两级引爆，如图1-47所示。

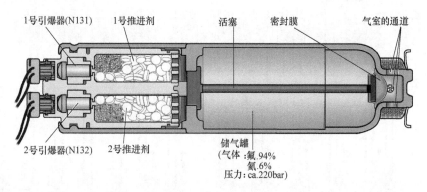

1号引爆器(N131)　1号推进剂　活塞　密封膜　气室的通道

2号引爆器(N132)　2号推进剂　储气罐
（气体：氩.94%
氦.6%
压力：ca.220bar）

图1-46　前排乘员侧安全气囊双级引爆器结构

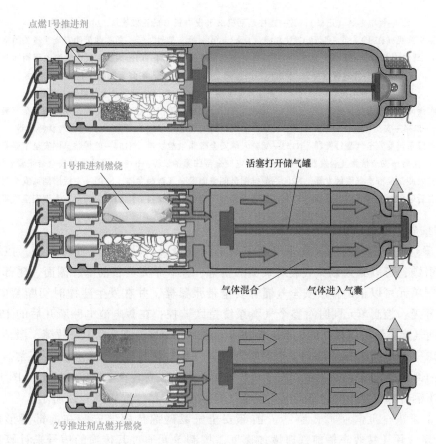

点燃1号推进剂

1号推进剂燃烧　活塞打开储气罐

气体混合　气体进入气囊

2号推进剂点燃并燃烧

图1-47　安全气囊双级引爆系统工作过程

2. 奥迪A8轿车安全气囊系统的控制电路

奥迪A8轿车安全气囊系统的控制电路如图1-48所示。

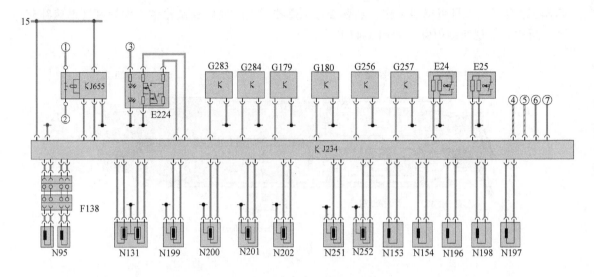

图 1-48　奥迪 A8 轿车安全气囊系统的控制电路

①—蓄电池 A（正极）　②—去往起动机 B 和发电机 C 的正极连接　③—接线柱 58s
④—驱动 CAN 总线（High）　⑤—驱动 CAN 总线（Low）　⑥—撞车信号　⑦—前排乘员侧安全气囊关闭指示灯 K145
E24—驾驶人侧安全带开关　E25—前排乘员侧安全带开关　E224—前排乘员侧安全气囊关闭钥匙开关
F138—安全气囊螺旋弹簧/带滑环的回位环　G179—驾驶人侧侧面安全气囊碰撞传感器
G180—前排乘员侧侧面安全气囊碰撞传感器　G256—左后座侧面安全气囊碰撞传感器
G257—右后座侧面安全气囊碰撞传感器　G283—驾驶人侧安全气囊碰撞传感器　G284—前排乘员侧安全气囊碰撞传感器
J234—安全气囊控制单元　J655—蓄电池电路切断继电器　N95—驾驶人侧安全气囊触发器
N131—前排乘员侧安全气囊触发器　N153—驾驶人侧安全带张紧触发器　N154—前排乘员侧安全带张紧触发器
N196—左后座安全带张紧触发器　N197—右后座安全带张紧触发器　N198—后座中间安全带张紧触发器
N199—驾驶人侧侧面安全气囊触发器　N200—前排乘员侧侧面安全气囊触发器　N201—左后座侧面安全气囊触发器
N202—右后座侧面安全气囊触发器　N251—驾驶人头部安全气囊触发器　N252—前排乘员头部安全气囊触发器

3. 奥迪轿车安全气囊系统部件结构

（1）安全气囊控制单元　安全气囊控制单元（J234）具备两级处理系统，控制气囊分两个级别引爆，可以有效减少气囊对乘员的伤害；控制单元具备前部、侧面、尾部碰撞识别功能；控制单元可以正确释放安全气囊和安全带张紧器，并在发生碰撞时切断蓄电池电路，防止事故升级；控制单元同时对整个气囊系统持续监控；在蓄电池电路断开后的 150ms 内通过电容器向气囊系统提供独立的电源；控制单元通过故障警告灯显示系统故障，激活安全带提示报警 SBR（Seat Belt Reminder），以提醒驾驶人安全气囊与安全带系统是否正常。安全气囊控制单元内部结构如图 1-49 所示。安全气囊控制单元一般安装在车辆中心线上（图 1-50），以均匀检测车辆各部位发生的碰撞情况。安全气囊传感器安装位置如图 1-51 所示。

（2）前部安全气囊碰撞传感器　前部安全气囊碰撞传感器安装在前部变形区内，如图 1-52 所示，用于接收车辆前部碰撞加速度。控制单元通过其传输的信号来计算碰撞时车辆变形的速度，以此来较早识别事故的严重性。如果是轻微碰撞，则无须引爆气囊；如果事故严重，需起动乘员安全保护系统。车辆前部发生碰撞时，强烈的信号通过纵梁和前部碰撞传感器传入安全气囊控制单元。

电容器(能量储备)

传感器

100个线脚的防水插头

图 1-49   安全气囊控制单元内部结构

图 1-50   安全气囊控制单元安装位置

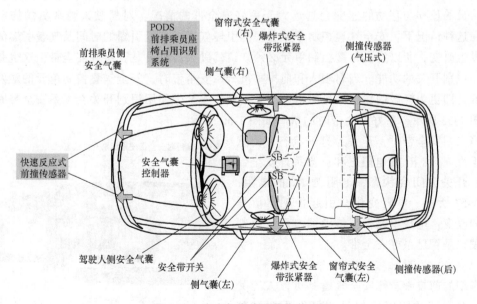

PODS
前排乘员座
椅占用识别
系统

前排乘员侧
安全气囊

窗帘式安全气囊
(右)   爆炸式安全
带张紧器

侧撞传感器
(气压式)

侧气囊(右)

快速反应式
前撞传感器

安全气囊
控制器

SB
SB

驾驶人侧安全气囊

安全带开关

侧气囊(左)

爆炸式安全
带张紧器

窗帘式安全
气囊(左)

侧撞传感器(后)

图 1-51   安全气囊传感器安装位置

图 1-52　前部安全气囊碰撞传感器的安装位置

（3）侧面安全气囊碰撞传感器　侧面安全气囊碰撞传感器是一个压力传感器，一般安装在车门侧面内部（图 1-53）或车门侧面底部。侧面安全气囊碰撞传感器内部由硅酮元件、盖子、起动机等组成，如图 1-54 所示。

图 1-53　侧面安全气囊碰撞
传感器的安装位置

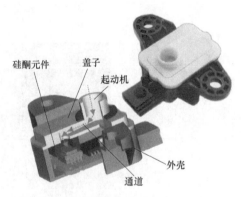

图 1-54　侧面安全气囊碰撞传感器的结构

（4）安全带使用识别开关　驾驶人及乘员在没有系安全带的情况下发生事故时，驾驶人及乘员的位移与移动的速度会远远大于系好安全带的情况，对驾驶人与乘员的伤害非常大。在这种情况下，安全气囊控制单元会提前引爆气囊，气囊引爆的时间及气囊引爆的要求都会发生改变，所以安全气囊控制单元必须知道驾驶人与乘员是否系好安全带，这也是安全带使用识别开关的功能。当驾驶人和前排乘员未系安全带时，安全气囊控制单元的触发门槛将降低，即更为轻微的碰撞都可能引爆安全气囊。安全带使用识别开关在未系安全带时的状态如图 1-55 所示，系好安全带时的状态如图 1-56 所示。

当未系安全带时，开关为打开状态，传感器电阻为 R_1 和 R_2 的电阻之和；当系好安全带以后，开关为闭合状态，电阻为 R_1 的电阻，如图 1-57 所示。电阻变化会引起传感器信号电压的改变，电控单元根据传感器电压变化判断驾驶人是否已系好安全带。

（5）前排乘员侧安全气囊关闭钥匙开关很多车型的前排乘员侧安全气囊是可以人工关闭的，在人工关闭以后如果车辆发生碰撞事

未系安全带时安全带使用识别开关状态

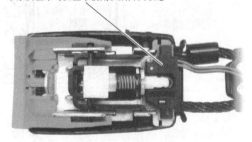

图 1-55　碰撞识别开关状态（未系安全带）

故，前排乘员侧安全气囊不会被引爆。这样的好处是如果前排乘员席没有人乘坐，发生碰撞事故后可以适当减少维修费用，减少不必要的损失。该开关通过钥匙插入以后旋转到 OFF 位置，即为关闭位置，如图 1-58 所示。如果这个钥匙开关损坏，前排乘员侧安全气囊关闭指示灯就会闪烁。

图 1-56　碰撞识别开关状态（已系好安全带）

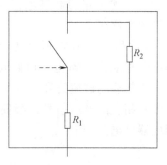

图 1-57　安全带使用识别开关电路

（6）安全气囊指示灯　每次点火开关转到 ON 位置时，安全气囊系统均要进行自检，对系统的组成元件进行检查并判断元件的工作状态；在车辆运行过程中，控制单元要进行不断的检查，对各个元件进行监控。当发现有元件发生故障时，控制单元会使仪表中的故障指示灯亮。

（7）螺旋弹簧　螺旋弹簧是安全气囊控制单元和转向盘驾驶人模块之间的电子连接，配有 ESP 功能的车辆在复位环外壳内装有转向角度传感器 G85，在维修或换件后必须对转向角度传感器进行基础设置。奥迪车系螺旋弹簧如图 1-59 所示。

图 1-58　前排乘员侧安全气囊
关闭钥匙开关位置

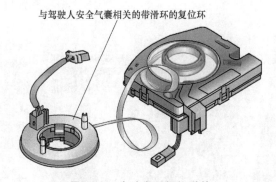

图 1-59　奥迪车系螺旋弹簧

（8）主动头枕

1）作用。有些车型的前座椅上使用的是主动头枕，当发生尾部撞车时，这个头枕会向前运动，降低肩部和头部之间的相对加速度，大大降低颈部脊椎受伤的风险，如图 1-60 所示。如果发生的是正面碰撞，则离心配重的机械机构会被锁止。

2）结构与工作过程。如图 1-61 所示，主动头枕在座椅 S 形弯曲位置设置了一个杠杆机

构。当车辆尾部发生碰撞时，杠杆机构发生旋转，头枕前移，起到保护乘员颈部的作用。

（9）蓄电池电路切断继电器 蓄电池电路切断继电器是蓄电池的分离元件，它的任务是在发生撞车事故时，切断起动机和发电机的连接。奥迪轿车蓄电池电路切断继电器安装在蓄电池的前方，如图1-62所示。蓄电池电路切断继电器只安装在蓄电池位于行李舱中的汽车上。

1）工作过程。图1-63所示为蓄电池电路切断继电器的电路控制图。蓄电池电路切断继电器由端子3接收安全气囊的碰撞信号，当车辆发生撞车事故，安全气囊被引爆时，蓄电池电路切断继电器接收到相应的电压信号，触发继电器工作，断开A与B之间的开关，使蓄电池停止向外界用电器供电。

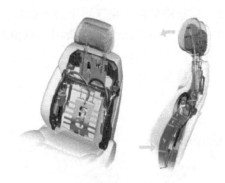

图 1-60 主动头枕工作示意图

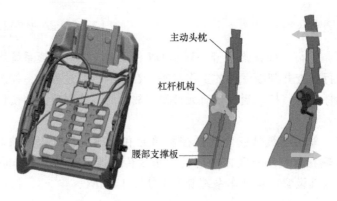

图 1-61 主动头枕工作过程

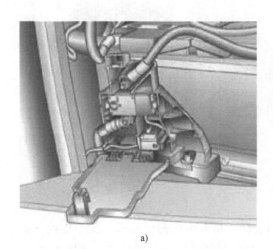

a)

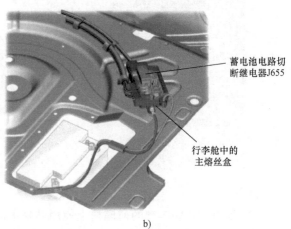

b)

图 1-62 蓄电池电路切断继电器安装位置
a) 奥迪 A8 轿车 b) 奥迪 A3 轿车

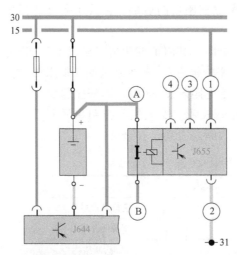

接线柱	针脚	输入/输出	说　明
30	A	输入（螺栓联接）	蓄电池接线柱 30
87	B	输出（螺栓联接）	输出
15	1	输入（插接）	正极供电可切断
车搭铁	2	输入（插接）	安全气囊控制单元 J234 搭铁
撞车信号	3	输入（插接）	安全气囊控制单元 J234 撞车信号
诊断	4	输入（插接）	安全气囊控制单元 J234 诊断线

图 1-63　蓄电池电路切断继电器的电路控制图
J644—电能管理控制单元　J655—蓄电池管理继电器

2）复位与诊断。安全气囊控制单元执行元件诊断也可以触发蓄电池电路切断继电器，但要注意执行元件诊断后需要将该继电器手动复位，否则无法给蓄电池充电。当安全气囊控制单元触发了蓄电池电路切断继电器后，蓄电池电路切断继电器视窗里看到的就不是一个铜线圈，而是一个白色区域，切断后可以通过黄色按钮来将其复位，如图 1-64 所示。

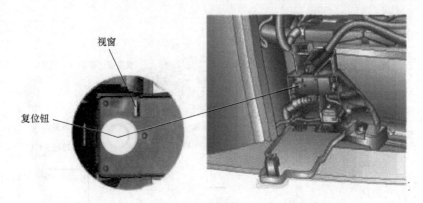

图 1-64　蓄电池电路切断继电器视窗与复位

（10）座椅被占用识别系统

1）座椅被占用识别系统（不用于美国汽车，图 1-65）。前排乘员侧座椅被占用传感器

G128 是一张塑料膜，该膜覆盖在座椅的后部，由几个单独的压力电阻组成，感知座椅相关部位。

该传感器根据压力改变电阻，其阻值变化情况见表 1-1。若传感器承受的负荷大于 5kg，则安全气囊控制单元确定"座椅被占"。前排乘员侧座椅未被占用时，传感器电阻很高，一旦该座椅被占，电阻下降。若电阻超过 480Ω，则安全气囊控制单元判定为断路，并存储故障。安全气囊控制单元利用该传感器和安全带锁开关判断是否系了安全带。

表 1-1　依据传感器阻值判断座椅的占用情况

前排乘员座椅被占用传感器 G128 的电阻	座椅的占用情况
约 430~480Ω	座椅未占用
120Ω 或更小	座椅已占用
大于 480Ω	故障，断路

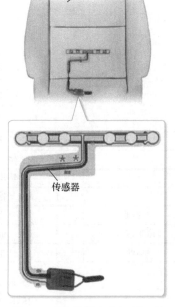

图 1-65　座椅被占用识别系统
（不用于美国汽车）

2）座椅被占用识别系统（用于美国汽车，图 1-66）。该系统是为满足美国的法规要求单独开发的。该系统在某些条件下可关闭前排乘员侧安全气囊。若测得前排乘员侧座椅未被占用或装有儿童座椅，则安全气囊控制系统关闭前排乘员侧安全气囊。安全气囊关闭警告灯指示前排乘员侧安全气囊已关闭，并在组合仪表上显示相应信息。

3）座椅被占用识别压力传感器 G452。座椅被占用识别压力传感器 G452（图 1-67）通过一根软管与座椅被占用识别充硅胶垫相连，只有硅胶的识别垫装在坐垫下面。若前排乘员侧座椅被占用，压力通过坐垫施加到识别垫上，压力传感器 G452 产生一个模拟电压信号，座椅被占用识别控制单元向压力传感器提供 5V 电压，压力传感器产 0.2~4.3V 的信号，该信号取决于作用在座椅上的负荷，负荷越高，电压越低。

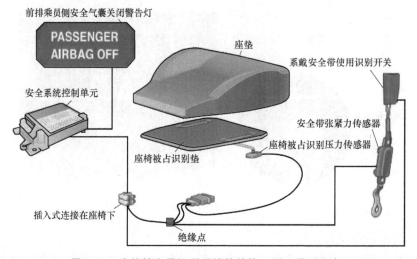

图 1-66　座椅被占用识别系统的结构（用于美国汽车）

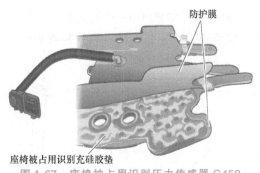

图 1-67 座椅被占用识别压力传感器 G452

任务五　认知汽车座椅安全带系统

一、任务引入

　　汽车上仅仅配备安全气囊是不够的，因为车速较低发生事故时安全气囊不起作用，同样有可能发生重大伤亡事故。

　　汽车座椅安全带是车辆发生事故时保护车内乘员最有效的设备之一。它能在汽车发生碰撞或紧急制动时，约束乘员尽可能保持原有的位置不移动，避免与车内坚硬部件发生碰撞而造成伤害。汽车座椅安全带如图 1-68 所示。

　　由于安全带的保护效果比较明显，其使用范围逐渐扩大，从客车到载货车，从轻型车到中型车，从外侧座椅到中间座椅都开始使用。装配的安全带形式从两点式

图 1-68 汽车座椅安全带

发展到三点式、带紧急锁止收紧器安全带、智能性安全带、自动脱戴式安全带等。随着安全带使用率的大幅度提高，事故中乘员伤亡率随之下降。统计数据表明，系安全带使碰撞事故中乘员伤亡率减少 15%～30%。安全带与其他保护约束设施（如安全气囊）相比，具有安全可靠、价格低廉、安装简便等优点，被各生产厂家普遍采用。

二、任务目标

1）了解普通座椅安全带的结构。
2）掌握预紧式安全带的功能和类型。
3）掌握装备预紧式安全带收紧器的 SRS 的工作原理。
4）培养学生以爱国主义为核心的民族精神。

三、相关知识

1. 普通座椅安全带

安全带又称为紧急自动锁紧装置（Emergency Locking Retractor，ELR）。安全带可分为

两点式安全带和三点式安全带两种，如图 1-69 所示。其中，用得最多的是三点式安全带。普通座椅安全带一般由高强度织带、带锁扣、锁舌和收紧器等组成。安全带在车辆上的安装位置如图 1-70 所示。

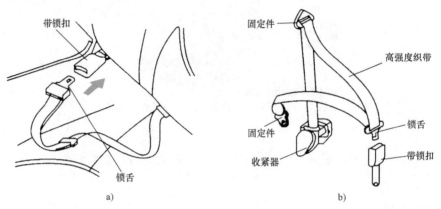

图 1-69　普通座椅安全带

a) 两点式安全带　b) 三点式安全带

（1）高强度织带和带锁扣　织带多用尼龙等合成纤维原丝编织而成，宽约 50mm，厚约 1.5mm，具有足够的强度、延伸性能和吸收能量的性能。两点式座椅安全带仅限制乘员腰部，如图 1-69a 所示。三点式座椅安全带包括斜挎前胸的肩带和绕过人体胯部的腰带，如图 1-69b 所示，在座椅的外侧和内侧地板上各有一个固定点，第 3 个固定点位于座椅外侧车身支柱的上方，织带伸入车身支柱内腔并卷在支柱下端的收紧器内。乘员胯部座椅内侧附近有一个带锁扣，带锁扣是一种能使乘员方便佩戴和解脱安全带的连接装置，它有锁舌和锁扣两个部件，这两部分插合后即可将乘员约束在座椅上。按下锁扣的红色按钮就能解除约束。

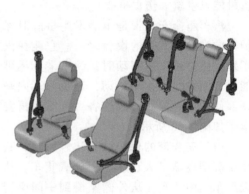

图 1-70　安全带在车辆上的安装位置

（2）收紧器　收紧器既有收卷、存储部分或全部织带的功能，又有紧急锁止织带的功能。在正常情况下，安全带对人体上部并不起约束作用。当驾驶人、乘员向前弯腰时，织带可从收紧器经由上方固定点的导向板被拉出；而当驾驶人、乘员恢复正常坐姿时，收紧器会自动将织带收起，使织带随时保持与人体贴合。当汽车的速度变化较大或车身姿态变化较大，织带的拉出速度达到一定程度时，收紧器会锁紧织带，从而将驾驶人、乘员束缚于汽车座椅上。

普通安全带一般采用机械式收紧器。机械式收紧器大多设计安装在安全带的带锁扣处，主要由卷筒、卷筒轴、棘轮棘爪机构和离合器等组成，如图 1-71 所示。

（3）安全带限力器　安全带限力器的结构如图 1-72 所示，主要由限力板、卷筒和固定轴等组成。安全带限力器、收紧装置与座椅安全带搭配使用，可使驾驶人和乘员受到最大的保护。当车辆发生严重的正面碰撞时，由于惯性力的作用，驾驶人和乘员仍要向前移动而使

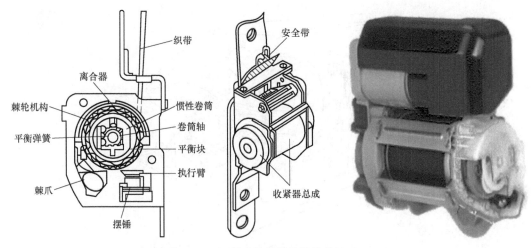

图 1-71　机械式收紧器的结构及外形

安全带受的力超过预定值时，限力板开始变形，卷筒立即旋转，使绕在其上的安全带得以向外拉出，如图 1-72b 所示。与此同时，限力板继续随卷筒的旋转而绕固定轴变形，成为安全带继续拉出的阻力。当卷筒转过 1.25 圈，随着限力板两端接触，限力板完成绕固定轴的转动，卷筒不能再转动，如图 1-72c 所示。

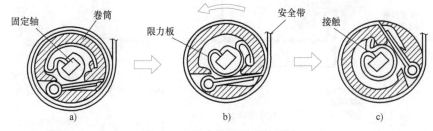

图 1-72　安全带限力器的结构

a) 未动作　b) 动作　c) 动作结束

2. 预紧式安全带系统

（1）**系统功能**　预紧式安全带的特点是当汽车发生碰撞事故的一瞬间，驾驶人和乘员尚未向前移动时，它就拉紧安全带将驾驶人和乘员紧紧地束缚在座椅上，然后锁止安全带防止驾驶人和乘员身体前冲，从而有效地保护驾驶人和乘员的安全。

预紧式安全带与普通安全带的主要区别是装备了火药式收紧器，它是预紧式安全带的核心部件。这种预紧式安全带通常与安全气囊组合使用，如图 1-73 所示。

（2）**系统组成**　预紧式安全带系统的电路如图 1-74 所示。

3. 装备预紧式安全带收紧器的 SRS 的工作原理

装备预紧式安全带收紧器的 SRS 的工作原理如图 1-75 所示。左前、右前碰撞传感器与安装在 SRS ECU 内的安全传感器相互并联，驾驶人侧安全气囊点火器与前排乘员侧安全气囊点火器并联，左、右安全带收紧器点火器并联。在 SRS ECU 中，设有两只相互并联的安全传感器。其中一只与收紧器及 SRS ECU 中的点火引爆电路构成回路，收紧器的点火器受控于 SRS ECU；另一只安全传感器与安全气囊点火器和碰撞传感器构成回路，安全气囊点火器也受控于 SRS ECU。

收紧器

图 1-73　预紧式安全带与安全气囊的工作示意图

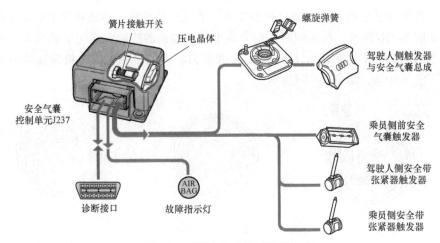

簧片接触开关

压电晶体

螺旋弹簧

驾驶人侧触发器
与安全气囊总成

安全气囊
控制单元J237

乘员侧前安全
气囊触发器

驾驶人侧安全带
张紧器触发器

乘员侧安全带
张紧器触发器

诊断接口　　故障指示灯

AIR BAG

图 1-74　预紧式安全带系统的电路

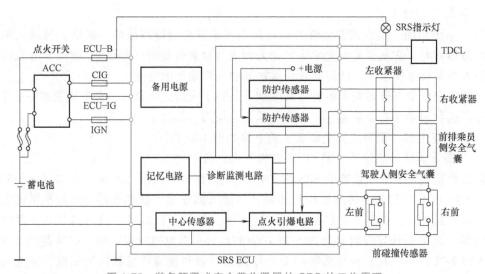

SRS指示灯

点火开关　ECU-B

TDCL

ACC

CIG

+电源

左收紧器

备用电源

防护传感器

右收紧器

ECU-IG

防护传感器

IGN

前排乘员
侧安全气囊

蓄电池

记忆电路

诊断监测电路

驾驶人侧安全气囊

中心传感器

点火引爆电路

左前

右前

SRS ECU

前碰撞传感器

图 1-75　装备预紧式安全带收紧器的 SRS 的工作原理

任务六　安全气囊系统的检修

一、任务引入

安全气囊系统的故障很难确认，根据自诊断系统提取故障码是诊断和排除故障的重要途径和信息来源。

二、任务目标

1）了解安全气囊系统检查的注意事项。

2）掌握广汽本田雅阁轿车安全气囊系统的故障检修。

3）培养学生善于钻研、不畏困难的工匠精神。

三、相关知识

1. 安全气囊系统检查的注意事项

（1）系统检查的基本注意事项　在检查安全气囊系统之前，首先应当仔细阅读制造厂家提供的"使用维修手册"，同时注意以下几点：

1）在检查排除 SRS 故障时，必须在拆下蓄电池负极电缆端子之前读取故障码。

2）检查工作务必在点火开关转到锁止（LOCK）位置并将蓄电池负极电缆拆下 20s 或更长一些时间之后才能开始。在检查工作开始之前，应通知汽车用户将音像系统、防盗系统的密码和其他控制系统的有关内容记录下来。检查工作结束之后，由维修人员或汽车用户重新设置密码和有关内容并调整时钟。不允许使用车外电源来避免各系统存储内容丢失，以免导致 SRS 气囊误膨开。

3）检查 SRS 时，即使只发生了轻微碰撞且 SRS 气囊并未膨开，也应对前碰撞传感器、驾驶人侧气囊组件、前排乘员侧气囊组件、座椅安全带收紧器进行检查。

4）SRS 所有零部件均为一次性使用部件，不能将碰撞传感器、气囊组件、SRS ECU、座椅安全带收紧器等部件重复使用，且不允许使用不同型号车辆上的零部件。

5）在检修汽车其他零部件时，如果有可能对 SRS 的传感器产生冲击，则应在检修工作开始之前将碰撞传感器拆下，以防气囊误膨开。

6）安全气囊系统的碰撞防护传感器采用了水银开关式传感器。当车辆报废或更换 SRS ECU 时，应当拆下水银开关式传感器总成并作为有害废物处理。

7）当前碰撞传感器、SRS ECU 或气囊组件摔碰之后，或其壳体、支架、插接器有裂纹、凹陷时，应换用新品。

8）前碰撞传感器、SRS ECU 或气囊组件不得暴晒或靠近火源。

9）禁止检测点火器的电阻值，即不能用万用表或其他电阻表检测，否则可能导致气囊引爆。检测其他部件的电阻值和检测其他电路电阻值时，必须使用至少 $10k\Omega$ 的高阻抗万用表，即使用数字式万用表。

10）在 SRS 各个总成或零部件的表面上均标有说明标牌或注意事项，使用与检查时必须照章行事。

11）当安全气囊系统的检查工作完成之后，必须对 SRS 指示灯进行检查。当点火开关转到接通（ON）或辅助（ACC）位置时，SRS 指示灯亮 6s 左右后自动熄灭，说明安全气囊系统正常。

12）碰撞传感器的动作具有方向性。安装前碰撞传感器和 SRS ECU 时，传感器和 SRS ECU 壳体上的箭头方向必须与使用说明书的规定一致。

13）拆卸或搬运气囊组件时，气囊装饰盖带有撕缝的一面应当朝上。不得将气囊组件重叠堆放，以防气囊误膨开造成事故。

14）气囊组件应当存放在环境温度低于 93℃、湿度不大并远离电磁场干扰的地方。禁止在气囊组件的任何部位涂抹润滑脂，也不能用任何类型的洗涤剂进行清洗。

15）当需用电弧焊修理汽车车身时，应在进行电焊作业之前将气囊组件与螺旋线束之间的插接器拔开。

（2）前碰撞传感器检查注意事项

1）当汽车遭受碰撞、气囊已经引爆后，前碰撞传感器不得继续使用，应同时更换左前和右前碰撞传感器。

2）碰撞传感器的动作具有方向性。安装前碰撞传感器时，传感器壳体上的箭头必须与"使用维修手册"规定的安装方向一致。

3）前碰撞传感器的定位螺栓和螺母必须经过防锈处理。拆卸或更换前碰撞传感器时，必须同时更换定位螺栓和螺母。

4）前碰撞传感器引出导线的插接器装备有电路连接诊断机构。安装插接器时，插头与插座应当插牢。当插接器插头与插座未插牢时，自诊断系统将会检测出来并将故障码存入存储器中。

（3）SRS ECU 检查注意事项

1）汽车已发生过碰撞使气囊引爆膨开后，SRS ECU 不能继续使用。

2）当连接或拆下 SRS ECU 上的插接器插头时，因为防护碰撞传感器与 SRS ECU 安装在一起，所以应在安装固定 SRS ECU 之后再进行连接或拆卸，否则防护传感器起不到防护作用。

3）在拆卸 SRS ECU 固定螺栓之前，必须将点火开关转到锁止（LOCK）位置，并在拆下蓄电池负极电缆 20s 之后再进行拆卸。

（4）安全气囊报废的处理方法 在报废汽车整车或报废气囊组件时，应在报废之前用专用维修工具（SST）将气囊引爆，操作引爆器的人员与气囊之间的距离至少应为 10m（图 1-76）。具体操作过程如下：

1）拆下汽车上的蓄电池负极电缆。

2）拔下气囊组件与螺旋线束之间的插接器插头。

3）剪断气囊组件线束，使插头与线束分离。

4）将引爆器接线夹与气囊组件引线

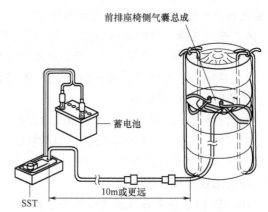

图 1-76　安全气囊的车下引爆

连接。

5）将引爆器远离气囊组件10m以上距离后连接电源夹与蓄电池。

6）查看引爆器上的红色指示灯是否发亮，当红色指示灯发亮后才能引爆。

7）按下引爆开关引爆气囊。待绿色指示灯发亮之后，将引爆后的气囊装入塑料袋内再进行废物处理。

2. 广汽本田雅阁轿车安全气囊系统故障检修

（1）广汽本田雅阁轿车SRS的结构 广汽本田雅阁轿车装备的安全气囊系统属于本田公司的第三代安全气囊系统（SRS Ⅲ系统），它是与安全带配合使用的由驾驶人侧和前排乘员侧安全气囊组成的双安全气囊系统。如图1-77和图1-78所示，SRS Ⅲ系统主要由SRS控制装置（包括安全传感器和碰撞传感器）、螺旋导线盘、驾驶人侧安全气囊、前排乘员侧气囊、SCS插头（诊断用）、MES插头（清除故障码用）和数据传输插头等组成。

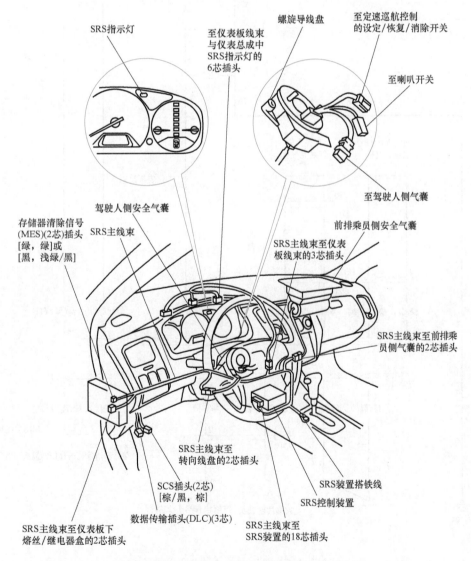

图1-77 SRS Ⅲ安全气囊系统部件和导线的位置

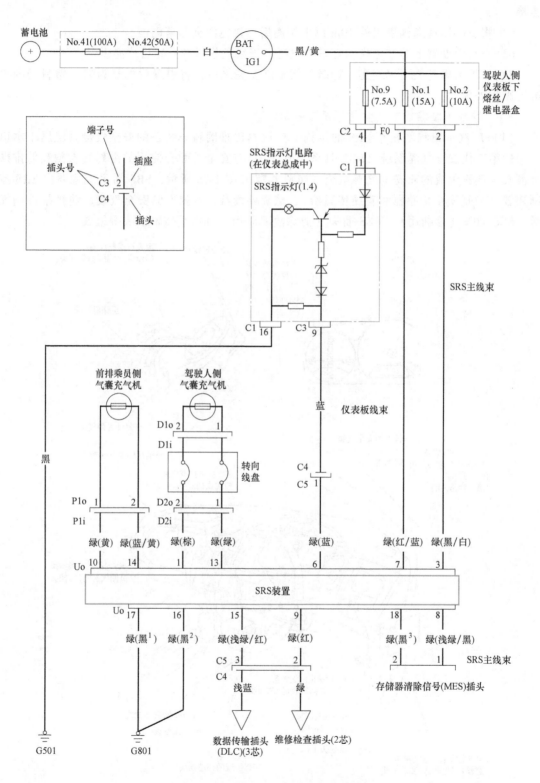

图 1-78 SRS Ⅲ安全气囊系统的控制电路

（2）安全气囊系统的故障自诊断　当点火开关转至"ON"位置时，仪表盘上的SRS指示灯亮约6s，然后熄灭，表明SRS功能正常；如果SRS指示灯不亮，或者亮6s后不熄灭，或者SRS指示灯在行车时一直亮，则表明SRS有故障，应尽快检查并修复。

1）读取故障码。

① 将点火开关置于"OFF"位置，等待10s以后，将专用短路插头SCS（具有两个端子并连接有一根跨接线的插头）与维修检查插座（2端子）连接，如图1-79所示（注意：不要使用无插头的跨接线，以免接触不良影响诊断结果）。

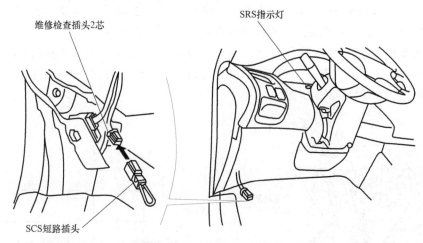

图1-79　连接专用短路插头

② 将点火开关置于"ON"位置时，组合仪表板上的SRS指示灯将亮约6s后熄灭2s，然后开始闪烁显示故障码（DTC），如图1-80所示。

广汽本田轿车SRS故障码由一个主代码和一个副代码两位数字组成。读取一次可以显

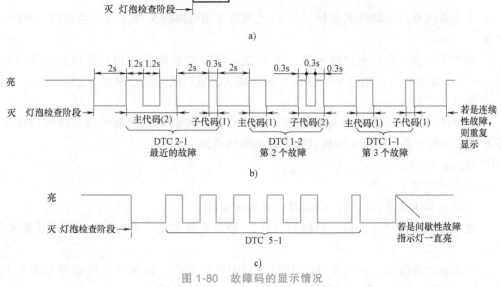

图1-80　故障码的显示情况

a）无故障（正常）　b）连续性故障　c）间歇性故障

示3个不同的故障码。如果系统正常（无故障），SRS指示灯将一直亮，如图1-80a所示。如果是连续性故障，则指示灯会重复显示故障码，如图1-80b所示。如果是间歇性故障，则SRS指示灯只显示一次故障码，然后一直亮，如图1-80c所示。如果既有连续性故障又有间歇性故障，则SRS指示灯只显示连续性故障的代码。

③ 断开点火开关，并等待10min，拔下专用短路插头SCS。

2）清除故障码。

① 将点火开关置于"OFF"位置。

② 将专用短路插头SCS与信息清除（MES）插座（2端子）连接，如图1-81a所示。注意：不要使用无插头跨接线，以免接触不良而不能清除故障码。

③ 将点火开关置于"ON"位置后，组合仪表板上的SRS指示灯将亮约6s后熄灭。在SRS指示灯熄灭4s之内，将专用短路插头SCS从信息清除（MES）插座上拔下。指示灯指示情况与操作时间如图1-81b所示。

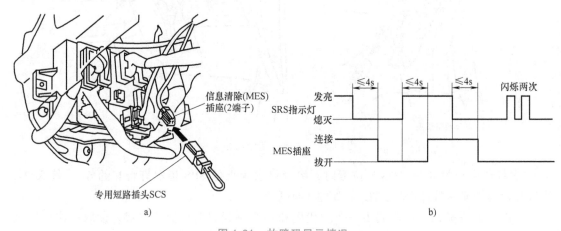

图1-81　故障码显示情况

a）连接跨接插头　b）指示情况与操作时间

④ 当安全气囊指示灯再次亮后，在4s之内将专用短路插头SCS与信息清除（MES）插座连接。

⑤ 当安全气囊指示灯再次熄灭后，在4s之内将专用短路插头SCS从信息清除（MES）插座上拔下。在数秒内，如果SRS指示灯闪烁两次，说明故障码已被清除。

⑥ 断开点火开关。

3）连续性故障与间歇性故障的判断。在读取安全气囊系统故障码并有故障码输出时，可按下述方法判定发生的是连续性故障还是间歇性故障：

① 清除故障码。

② 将变速杆置于N位。

③ 起动发动机并怠速运转，摇动线束及其插接器。

④ 进行路试（包括急加速、快速制动等），将转向盘向左、向右旋转到极限位置并保持5~10s。

⑤ 再次读取故障码。如果安全气囊指示灯闪烁故障码，说明安全气囊有连续性故障；如果安全气囊指示灯不再显示故障码，说明故障为间歇性故障。

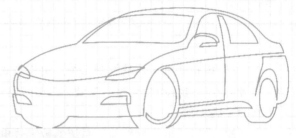

模块二

汽车巡航控制系统

任务一 认知汽车巡航控制系统

一、任务引入

巡航控制系统（Cruise Control System，CCS）一般又称为巡航行驶装置、速度控制系统、自动驾驶系统、恒速行驶系统或巡行控制系统等。

汽车巡航控制系统是一种利用电子控制技术保持汽车自动等速行驶的系统。驾驶汽车在高速公路上长时间行驶时，打开自动操纵开关后，巡航控制系统将根据行车阻力变化自动调节供油量，使汽车行驶速度保持一定，并且可以避免驾驶人频繁踩加速踏板，减轻了驾驶人的疲劳强度。由于巡航控制系统能自动地维持车速，避免了不必要的人为变动，进而改善了汽车的燃料经济性和发动机的排放性能。

二、任务目标

1) 了解巡航控制系统的分类。
2) 掌握巡航控制系统的作用与组成。
3) 掌握汽车巡航控制系统的基本原理。
4) 培养学生善于钻研、不畏困难的工匠精神。

三、相关知识

1. 巡航控制系统的分类

（1）按巡航控制系统的组成与控制方式分 巡航控制系统按组成与控制方式分可分为机电式和电子式两种。

1) 机电式巡航控制系统。汽车上早期使用的是机电式巡航控制系统。它通常由控制开关、电释放开关、真空调节器、真空度控制的弹簧式伺服机构、真空释放阀、线束及真空管路等组成。

2) 电子式巡航控制系统。电子式巡航控制系统由电子控制器根据控制开关、各传感器和开关的信号进行车速的设定、稳定和消除等自动控制。随着电子技术的迅速发展和对巡航控制功能要求的进一步提高，电子式巡航控制系统已经取代了机电式巡航控制系统。

（2）按巡航控制系统的电子控制器分 巡航控制系统按电子控制器分可分为模拟式和数字式两种。

1）模拟式电子巡航控制系统。由模拟式电子电路构成电子控制器，控制器内部对输入信号的处理过程均为模拟电参量。模拟式巡航电子控制器经历了从晶体管分立元件到集成电路的发展过程。

2）数字式电子巡航控制系统。数字式电子巡航控制系统的核心是控制器，现代汽车巡航控制系统基本上都采用这种控制器控制系统。

（3）按巡航控制系统的执行器分　巡航控制系统按执行器分可分为真空驱动式和电动驱动式两种。

1）真空驱动式巡航控制系统。目前这种系统较少采用。

2）电动驱动式巡航控制系统。节气门驱动装置的动力来源于电动机，控制器通过控制电动机的转动来调节节气门的开度，以实现车速稳定、增速和减速控制。

2. 巡航控制系统的作用与组成

汽车巡航控制系统的作用是根据汽车行驶阻力的变化，自动调节发动机节气门开度的大小，使汽车保持恒定速度行驶。

汽车巡航控制系统主要由车速传感器、节气门位置传感器、巡航控制开关、巡航控制电控单元（CCS ECU，有的集成在发动机控制单元 ECM 中）和执行器等部件组成。图 2-1 所示为丰田凯美瑞轿车巡航控制系统各部件的安装位置。

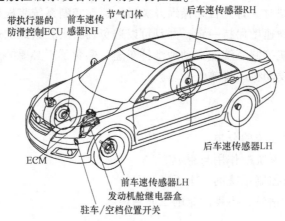

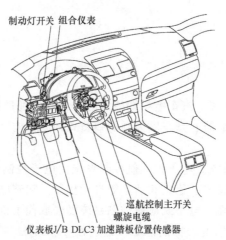

图 2-1　丰田凯美瑞轿车巡航控制系统各部件的安装位置

巡航控制系统的车速传感器（VSS）和节气门位置传感器（TPS）既可与发动机控制系统和电子控制自动变速系统公用，也可专门设置独立使用。车速传感器和节气门位置传感器的功用分别是向 CCS ECU 提供汽车行驶速度信号和发动机节气门开度（转角）信号。

控制开关主要有巡航开关、制动灯开关、驻车制动开关、点火开关、离合器开关（仅对于手动变速器汽车）或空档起动开关（对于自动变速器汽车）等。巡航开关的功用是将恒速、加速或减速、恢复原速以及取消巡航行驶等指令信号输入 CCS ECU，其他开关的功用是将各种状态信息输入 CCS ECU，以便 CCS ECU 确定是否进行恒速控制。

CCS ECU 是巡航控制系统的控制核心，一般都由分立电子元件、专用集成电路 IC 和 8 位单片机组成，具有数学计算、逻辑判断、记忆存储和故障诊断等功能。

执行器又称为执行机构，分为气动式和电动式两种。气动式主要由速度伺服装置和电磁阀等组成；电动式主要由电动机（永磁式或步进式电动机）、减速机构和电磁离合器等组成。执行器的功用是根据 CCS ECU 的指令，通过节气门拉索（钢缆）调节发动机节气门的开度，使车速保持恒定。

3. 巡航控制系统的优点

汽车巡航控制系统主要具有以下优点：

1）减轻驾驶人的劳动强度，提高行驶安全性。在汽车行驶过程中，当车速达到一定值（超过 40km/h）时，驾驶人只要操作巡航开关并设定一个想要行驶的速度，不用踩加速踏板，巡航控制系统就能自动控制发动机节气门开度使汽车保持在设定的速度恒速行驶，从而减轻驾驶人的劳动强度。特别是当汽车在高速公路上长时间行驶时，更能充分发挥巡航控制系统的优点。由于利用巡航行驶不用踩踏加速踏板，驾驶人的劳动强度大大减轻，因此，驾驶安全性也大大提高。

2）行驶速度稳定，提高乘坐舒适性。在巡航行驶过程中，无论汽车在上坡或下坡路面上行驶，还是在平坦路面上行驶，或在风速变化的情况下行驶，只要是在发动机功率允许范围之内，汽车行驶速度都将保持设定的巡航车速不变。

3）节省燃料消耗，提高燃油经济性和排放性能。实践证明，汽车在相同行驶条件下，利用巡航行驶可以节省 15% 左右的燃料。这是因为巡航控制系统与发动机燃油喷射系统（EFI）以及自动变速控制系统（ECT）是相互配合工作的，巡航车速被控制在经济车速范围内，汽车巡航行驶时的燃料供给与发动机功率之间处于最佳配合状态，与此同时，有害气体的排放量大大减少。

4. 汽车巡航控制系统的基本原理

汽车巡航控制系统的发展始于 20 世纪 60 年代，经历了机械控制系统、晶体管控制系统、模拟计算机控制系统和数字微型计算机控制系统 4 个阶段。自 20 世纪 80 年代初开始，数字微型计算机巡航控制系统得到广泛应用。数字微型计算机巡航控制系统的电路框图如图 2-2 所示。

驾驶人操纵巡航控制开关，将车速设定、减速、恢复、加速、取消等命令输入计算机时，计算机记忆此时车速传感器输入计算机的车速，并按该车速对汽车进行等速行驶控制。在汽车巡航行驶过程中，计算机不断通过比较电路将实际车速与设定车速进行比较，计算出实际车速与设定车速的差值，然后通过补偿电路输出对执行部件的命令，执行部件控制发动

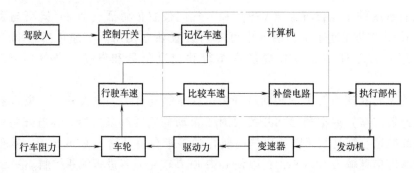

图 2-2　数字微型计算机巡航控制系统的电路框图

机节气门开度加大或减小，使实际车速接近设定车速。

　　巡航控制系统是一个典型的闭环控制系统。电子控制式巡航控制系统的控制原理如图 2-3 所示。输入巡航电控单元（CCS ECU）的信号有两个：驾驶人根据行驶条件，通过巡航开关设定的巡航车速指令信号；车速传感器输入的实际车速反馈信号。

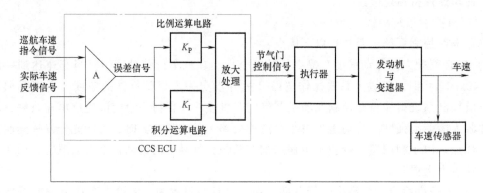

图 2-3　电子控制式巡航控制系统的控制原理

　　当巡航车速指令信号和实际车速反馈信号输入 CCS ECU 后，CCS ECU 的比较器 A 经过比较运算便可得到两个信号之差，称为误差信号。误差信号经过比例运算和积分运算后，再经过放大处理就可以得到控制节气门开度大小的控制信号，CCS ECU 将控制指令发送给执行器，执行器驱动节气门拉索调节发动机节气门开度的大小，将实际车速迅速调节到驾驶人设定的车速值，从而实现恒速控制，即实现巡航控制。

　　在控制过程中，当实际车速低于驾驶人设定的巡航车速时，CCS ECU 向执行器发出增大供油量的指令，使实际车速升高到巡航车速。反之，当实际车速高于驾驶人设定的巡航车速时，CCS ECU 向执行器发出减小供油量的指令，使实际车速降低到巡航车速，从而使实际车速基本保持在驾驶人设定的巡航车速不变。

任务二　认知汽车巡航控制系统控制部件结构

一、任务引入

　　巡航控制系统由巡航控制开关、传感器、巡航控制 ECU 和执行器等组成。巡航控制开

关和传感器信号送至 ECU，ECU 根据这些信号计算出合理的供油量，并给执行器发出信号，调节供油量，保持汽车按设定的车速等速行驶。

二、任务目标

1）掌握巡航控制开关的功能。
2）掌握巡航控制单元和巡航控制机构的结构原理。
3）培养学生善于钻研、不畏困难的工匠精神。

三、相关知识

1. 巡航控制开关

巡航控制开关是巡航控制系统的主要控制开关，其功用是将恒速、加速或减速、恢复原速以及取消巡航行驶等指令信号输入 CCS ECU，以便 CCS ECU 确定是否进行恒速控制。

巡航控制开关实际上是一个类似于风窗玻璃刮水与洗涤开关的组合手柄开关，一般都由"MAIN"（主开关）"SET/COAST"（设置/巡航）"RES/ACC"（恢复/加速）和"CANCEL"（取消）4 个功能开关组成。巡航开关一般安装在转向盘右下侧偏上位置，并随转向盘一同转动，以便于驾驶人操作。在驾驶人转动转向盘的同时，即可用右手手指拨动组合手柄开关进行巡航控制的有关操作。在每个功能开关的旁边，标注有完成相应功能时开关手柄的操纵方向。

各型汽车巡航控制开关的工作原理基本相同，巡航开关的外形结构各不相同，在设置巡航功能时，操纵手柄开关的方向也不尽相同。各型汽车的巡航控制开关如图 2-4 所示。

图 2-5 所示为雷克萨斯 LS400 型轿车巡航开关的外形与内部电路。图 2-6 所示为 2021 款雷克萨斯 500h 巡航系统开关，其操作与早期控制开关类似。

（1）主开关（MAIN） 主开关为按钮式开关，设在开关操纵手柄的端部，是巡航控制系统的总开关。当按下操纵手柄端部的"MAIN"按钮时，MAIN 触点接通，组合仪表板上的巡航指示灯亮，此时巡航控制系统处于待命状态，可以进行恒速控制。再次按下 MAIN 按钮时，按钮将弹起，MAIN 触点断开，巡航指示灯熄灭，指示巡航控制系统处于关闭状态，不能进行恒速控制。

由图 2-5b 电路可见，当 MAIN 触点接通时，CCS ECU 的巡航主开关端子 CMS（即 CCS ECU 线束插座上端子 4）通过主开关触点搭铁，CCS ECU 得到一个低电平（0V）信号，CCS ECU 控制巡航执行器处于待命状态。与此同时，CCS ECU 控制巡航指示灯电路接通，使巡航指示灯亮指示系统所处状态。如果主开关（MAIN）按钮按下时巡航指示灯不亮，说明巡航控制系统有故障。

（2）设置/巡航（SET/COAST）开关 此开关为巡航速度设定开关。将巡航开关操纵手柄向下拨动并保持在向下位置时，巡航速度设定开关即接通。当设置/巡航开关处于接通位置时，只要按住操纵手柄不动，汽车就会不断加速。当车速达到驾驶人想要巡航行驶的车速（车速应在 40km/h 以上）时松开操纵手柄，手柄将自动复位，此时巡航控制系统就会使汽车以松开操纵手柄时的车速保持恒速行驶。

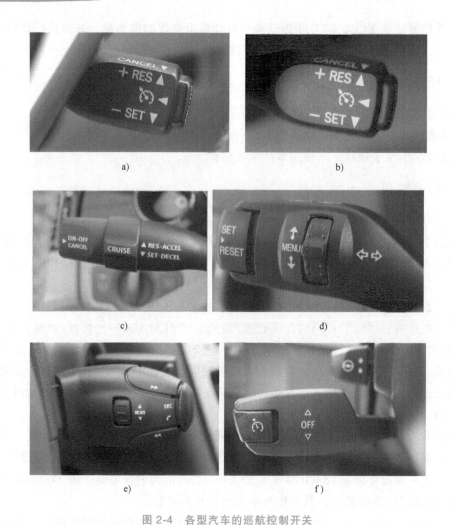

图 2-4 各型汽车的巡航控制开关

a）雷克萨斯 RX　b）丰田 RAV4　c）别克林荫大道　d）福特福克斯　e）标致 408　f）宝马 X6

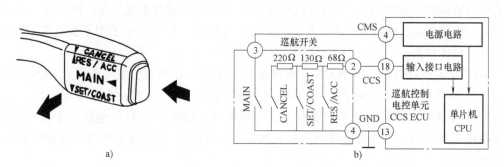

图 2-5 雷克萨斯 LS400 型轿车巡航开关的外形与内部电路

a）操纵手柄外形　b）巡航开关电路

（3）恢复/加速（RES/ACC）开关　此开关为恢复巡航速度开关。向上拨动操纵手柄时，巡航速度恢复/加速开关即接通。在汽车以设定的巡航速度行驶过程中，当驾驶人踩下加速踏板超车或踩下制动踏板制动，或将自动变速器变速杆拨到前进档 D 位以外的位置时，

会导致车速升高或降低，如果此时想要恢复到原来设定的巡航车速，只需将巡航开关操纵手柄向上抬起并保持在该位置，使恢复/加速开关保持接通，汽车即可迅速加速或减速并恢复到原来设定的巡航车速行驶。但是，如果行驶车速已经低于 40km/h，则巡航车速不能恢复。

图 2-6　2021 款雷克萨斯 500h 巡航系统开关

（4）取消（CANCEL）开关　此开关为取消巡航的操纵开关。将巡航开关操纵手柄向驾驶人方向拨动时，即可接通巡航速度取消开关来解除巡航行驶。

由图 2-5b 所示电路可见，设置/巡航（SET/COAST）、恢复/加速（RES/ACC）和取消（CANCEL）3 个开关的信号均从同一个端子（即端子"CCS"或端子 18）输入 CCS ECU。3 个开关中的任意一个接通时，都是接通搭铁回路。但是，由于各开关之间连接有不同阻值的电阻，当接口电路以恒流源供给恒定电流时，不同开关接通时输入 CCS ECU 的信号电压并不相同，CCS ECU 根据信号电压高低即可判定是哪一个开关接通。

2. 解除巡航控制开关

（1）制动灯开关　制动灯开关的功用是在驾驶人踩下制动踏板接通制动灯电路使其亮的同时，向 CCS ECU 输入一个表示制动的信号，CCS ECU 接收到该信号后立即解除巡航控制状态，以便制动器制动将车速降低。

如图 2-7 所示，制动灯开关由动断开关和动合开关组成，开关 A 为动合开关，踏下制动踏板时开关闭合，将制动灯的电源电路接通，制动灯亮。同时，电源电压经开关 A 加在巡航控制 ECU 上，将制动信号输入巡航控制 ECU，巡航控制 ECU 取消巡航控制系统的控制，巡航控制系统停止工作。开关 B 为动断开关，当踏下制动踏板时，开关 B 断开连接，直接切断巡航控制 ECU 对巡航控制执行器的控制电路，确保巡航控制系统停止工作。

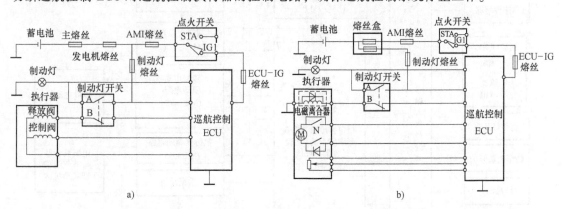

图 2-7　制动灯开关电路

a）丰田 Cressida 真空驱动执行器　b）丰田陆地巡洋舰电动机驱动型执行器

（2）驻车制动开关　在汽车行驶过程中，当制动系统发生故障时，就需要通过操作驻车制动器来降低车速。因此，驻车制动开关接通时的信号必须作为解除巡航控制的输入信号之一。

驻车制动开关的功用是向 CCS ECU 输送一个电信号，以便 CCS ECU 解除巡航行驶状态。当拉紧驻车制动器手柄时，驻车制动开关触点闭合，在接通制动警告灯电路的同时，向 CCS ECU 输送一个表示驻车制动器处于制动状态的信号（一般为低电平信号），CCS ECU 接收到该信号后解除巡航行驶状态。

（3）空档起动开关　在装备自动变速器的汽车上配装有空档起动开关，安装在自动变速器侧面，由变速杆通过杠杆机构操纵。当变速杆置于空档 N 位时，空档起动开关触点闭合，如果此时点火开关接通"起动（START）"档位，则空档起动开关将向发动机 ECU 输入一个电信号（高电平或低电平信号）。

在汽车行驶过程中接通空档 N 时，说明驾驶人想要减速停车。因此，在装备巡航控制系统的汽车上，空档起动开关还有一个功用就是向 CCS ECU 输入一个电信号，以便 CCS ECU 解除巡航行驶状态。

（4）离合器开关　在装备手动变速器的汽车上，当驾驶人踩下离合器踏板换档时车速降低，CCS ECU 就会发出指令使发动机转速升高，因此，可能导致发动机超速运转而损坏。为了确保安全，在离合器踏板下面设置有一个离合器开关，开关触点在驾驶人踩下离合器踏板时闭合。

离合器开关的功用是当汽车处于巡航状态行驶时，如果驾驶人踩踏离合器踏板（以便变换变速器档位等），离合器开关触点闭合，并向 CCS ECU 输入一个电信号（低电平或高电平信号），以便 CCS ECU 解除巡航控制状态，同时便于驾驶人变换变速器档位。

3. 巡航控制电控单元

汽车在 20 世纪 70 年代装备的巡航控制系统电控单元大多数采用模拟电子技术制成。随着数字电子技术的发展，特别是大规模集成电路和单片机的广泛应用，20 世纪 80 年代开始由数字式单片机进行控制，目前已全部由数字式单片机控制。图 2-8 所示为美国摩托罗拉（Motorola）公司开发研制的数字式巡航控制电控单元电路框图。

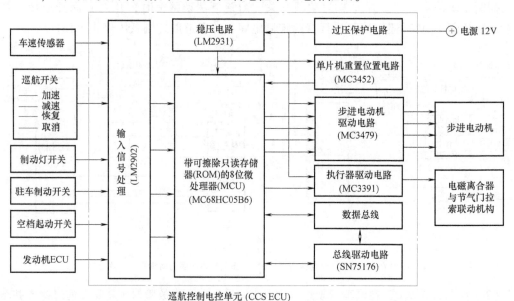

图 2-8　摩托罗拉数字式巡航控制电控单元电路框图

巡航控制系统电控单元又称为巡航电子控制器，其功用是接收车速传感器、巡航开关、制动灯开关、驻车制动开关、空档起动开关或离合器开关、发动机电控单元（ECU）以及自动变速器电控单元（ECT ECU）的信号，经过信号转换与处理、数学计算（比例积分计算）、逻辑判断、记忆存储、功率放大等处理后，向巡航执行器输出控制指令信号，驱动执行器动作，从而实现恒速控制或解除巡航行驶状态。

CCS ECU 根据驾驶人操作设置/巡航（SET/COAST）开关输入的设定车速信号、车速传感器输入的实际车速信号、各种开关输入信号以及发动机 ECU 和 ECT ECU 输入的信号，按照只读存储器中预先编制的程序进行计算处理之后，向执行器驱动电路发出指令，驱动执行器（步进电动机或直流电动机、电磁阀等）动作。执行器通过节气门联动机构和节气门拉索等改变节气门开度，使实际车速达到设定的巡航车速。巡航控制流程如图 2-9 所示。

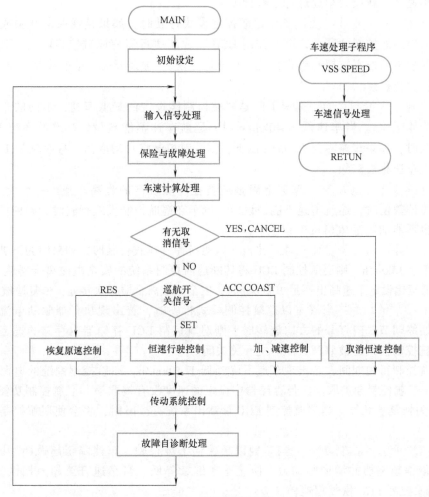

图 2-9　巡航控制流程

目前，汽车 CCS ECU 普遍由大规模或超大规模专用集成电路与单片机组合而成。当汽车上已经装备发动机电子控制系统或自动变速控制系统时，许多传感器（如节气门位置传感器、车速传感器）和控制开关（如制动灯开关、空档起动开关等）的信号可以共享，只需编制控制程序调用该信号即可，因此，可以大大降低系统的硬件成本。

巡航控制 ECU 接收来自巡航控制开关、车速传感器信号和其他开关信号，按照存储的程序对巡航系统进行控制。巡航控制 ECU 有以下控制功能：

（1）记忆设定车速功能 当主开关接通，车辆在巡航控制车速范围内（一般为 40~200km/h）行驶时，操作设置/巡航开关可以设定巡航车速。ECU 将设定的车速存储在存储器内，并按设定车速控制汽车等速行驶。

（2）等速控制功能 ECU 将实际车速与设定车速进行比较，确定供油量应该增大或减小，并根据实际车速与设定车速的差值计算出供油量变化的量，进而对执行器进行控制，保证汽车按设定车速等速行驶。

（3）设定车速调整功能 当汽车以巡航控制模式行驶时，如果将设定车速提高或降低，则只要操作恢复/加速或设置/巡航开关，就可以使设定车速改变，巡航控制 ECU 记忆改变后的设定车速并按新设定车速进行巡航行驶。

（4）取消和恢复功能 当汽车以巡航控制模式行驶时，如果接通取消开关或接通任何一个其他退出巡航控制的开关，巡航控制 ECU 将控制执行器使巡航控制取消。取消巡航控制以后，要想重新按巡航控制模式行驶，只要操作恢复/加速开关，巡航控制 ECU 将恢复原来的巡航控制行驶。

（5）车速下限控制功能 车速下限是巡航控制能设定的最低车速，不同的车型稍有不同，一般为 40km/h。当车速低于 40km/h 时，巡航车速不能被设定，巡航系统不能工作。当巡航行驶时，如果车速降至 40km/h 以下，则巡航控制将自动取消，且巡航 ECU 存储器内存储的设定车速将被清除。

（6）车速上限控制功能 车速上限是巡航控制能设定的最高车速，一般为 200km/h。当车速超过该数值时，巡航车速不能被设定。汽车在巡航控制模式行驶时，即使操作加速开关，车速也不能加速至 200km/h 以上。

（7）安全电磁离合器控制功能 当汽车以巡航控制模式行驶时，如果因为下坡汽车车速高于设定车速 15km/h，则巡航控制 ECU 将切断巡航控制系统的安全电磁离合器使车速降低。当车速降低至比设定车速高出不足 10km/h 时，安全电磁离合器再次接通，恢复巡航控制。

（8）自动取消功能 当汽车以巡航控制模式行驶时，若出现执行器驱动电流过大，伺服电动机始终朝节气门打开的方向旋转时，则巡航控制 ECU 存储器内存储的设定车速将被清除，巡航控制模式将被取消，同时主开关关闭。

在巡航控制行驶期间，若出现车速下降到低于 40km/h，巡航控制系统的电源中断时间超过 5ms，巡航控制会被取消，但存储器中设定的速度没有被取消，巡航控制功能可用 SET 或 RES 开关恢复。此外，当巡航控制 ECU 诊断出系统有故障时，将会使巡航控制系统自动停止工作。

（9）自动变速器控制功能 当车辆以超速档上坡行驶，车速降至超速档切断速度时，ECU 自动取消超速档并增加驱动力，防止车速继续降低。当车速升至超速档恢复速度时，约 6s 后巡航控制 ECU 恢复超速档。

（10）诊断功能 如果巡航控制系统发生故障，巡航控制 ECU 的自诊断系统能够诊断出故障，并使仪表板上的巡航指示灯闪烁以提醒驾驶人。同时，巡航控制 ECU 将故障码存储在存储器内。通过巡航控制指示灯的闪烁或使用故障诊断仪可以读取故障码。

4. 巡航控制执行机构

目前很多发动机都采用了电子节气门控制（Electronic Throttle Control，ETC），使得发动

机的进气量不直接由加速踏板来控制，而是由电控单元采集分析诸多信号（如加速踏板位置信号、发动机转速信号等）后通过控制节气门开度来精确控制。

电子节气门控制型巡航控制系统是集成在发动机电控系统中的一个子系统，装备巡航控制系统只需增加控制开关和巡航指示灯等。电子节气门控制系统由带加速踏板位置传感器的加速踏板模块、发动机控制单元、节气门控制单元等组成，如图 2-10 所示。

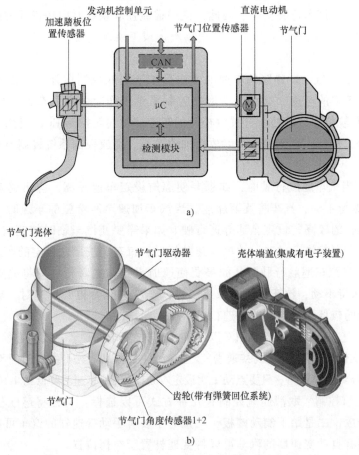

图 2-10　电子节气门控制系统的结构

a）基本原理　b）电子节气门控制单元的结构

1）加速踏板模块。由传感器确定当前加速踏板的位置并将相应的信号传递到发动机控制单元。

2）发动机控制单元。发动机控制单元根据信号计算出驾驶人需要的发动机动力，将此信息转换为发动机的转矩数值，并激活节气门驱动装置以进一步开启或关闭节气门。

3）节气门控制单元。节气门控制单元负责提供所需要的空气，主要由节气门驱动装置（电动机）和节气门位置传感器组成。节气门驱动装置根据发动机控制单元发出的指令定位节气门。节气门位置传感器向发动机提供节气门位置的反馈数值。在该系统中，节气门在整个调整范围内都由一个电动机控制。驾驶人踏下加速踏板时，发动机控制单元根据加速踏板位置传感器的信号电压识别加速踏板被踏下的程度，计算出驾驶人的输入，并通过一个电动机激活节气门驱动装置，将节气门定位。节气门驱动装置的位置传感器确定节气门位置并传

递相应的信号到发动机控制单元。发动机控制单元可以独立于加速踏板的位置而调整节气门的位置，可根据不同的需求（包括速度限制装置、巡航控制、牵引力控制系统、发动机制动控制等）确定节气门的位置。

5. 巡航控制系统的使用

巡航控制系统如果使用不当，不仅不能充分发挥巡航控制系统的作用，还可能损坏巡航控制系统，甚至危害汽车行驶安全。因此，使用巡航控制系统时应按正确的使用方法进行操作。巡航控制系统的使用包括设置巡航车速、增加或降低巡航设定车速、取消巡航控制及取消巡航控制后的恢复巡航行驶。

（1）设置巡航车速　设置巡航车速的方法是按下巡航控制主开关，踏下加速踏板使汽车加速，当达到希望的车速（必须高于巡航控制系统工作时的最低车速）时，将巡航控制开关推至设置/巡航位置后放松。开关放松时的车速即被巡航控制 ECU 记忆为设定车速，巡航控制系统开始工作。此时驾驶人可以放松加速踏板，巡航控制系统控制节气门按设定车速等速行驶。

（2）加速　当汽车巡航行驶时，如果要使巡航设定车速提高，应将巡航控制开关置于恢复/加速位置保持不动，汽车将逐渐加速。当汽车加速至所希望的车速时，放松巡航控制开关，汽车将按新的较高的设定车速等速行驶。如果需要使汽车临时加速（如超车），则只需踏下加速踏板即可使汽车加速，放松加速踏板后，汽车仍按原来设定的车速巡航行驶。

（3）减速　当汽车巡航行驶时，如果要使巡航设定车速降低，应将巡航控制开关置于设定/减速位置保持不动，汽车将逐渐减速。当汽车减速至希望的车速时，放松巡航控制开关，汽车将按新的较低的设定车速等速行驶。

（4）点动升速和点动降速　当汽车以巡航控制模式行驶时，若需要对巡航设定车速进行微调，只要点动 1 次恢复/加速开关（接通恢复/加速开关后立即放松开关，时间不超过 0.6s），巡航设定车速就升高约 1.6km/h。只要点动 1 次设定/减速开关，车速就降低约 1.6km/h。

（5）取消巡航控制　取消巡航控制有几种方式可以选择：一是将巡航控制开关的取消开关接通然后释放，二是踏下制动踏板，三是对于装有手动变速器的汽车可以踏下离合器踏板，四是对于装有自动变速器的汽车可以将变速杆置于空档位置。

（6）恢复巡航行驶　如果通过操作退出巡航控制开关中的任何一个开关使巡航控制取消，要恢复巡航行驶时，只要将恢复/加速开关接通然后放松开关，汽车将恢复原来的巡航行驶。但如果车速已降低至 40km/h 以下，或实际车速低于设定车速 16km/h 以上，ECU 将不能恢复巡航行驶。

任务三　2009 款别克君威轿车巡航控制系统检修

一、任务引入

别克君威轿车巡航控制系统的主要部件包括加速踏板位置传感器、制动踏板位置传感器、车身控制模块（BCM）、巡航控制开关、发动机控制模块（ECM）、节气门执行器控制电动机、车速传感器等。

二、任务目标

1) 了解别克君威轿车巡航控制系统的组成与工作原理。
2) 掌握别克君威巡航控制系统的启用、停用与禁用方法。
3) 掌握巡航控制系统的检修方法。
4) 培养学生善于钻研、不畏困难的工匠精神。

三、相关知识

1. 别克君威轿车巡航控制系统的组成与工作原理

车身控制模块监测转向盘上的巡航控制开关的信号电路。车身控制系统通过 GM LAN 串行电路将巡航控制开关状态传达至发动机控制模块。发动机控制模块运用巡航控制开关的状态来决定什么时候该达到和保持车速。发动机控制模块监测车速信号电路，以决定期望车速。发动机控制模块使用节气门执行器控制电动机，以保持车速。别克君威轿车巡航控制系统电路如图 2-11 和图 2-12 所示。

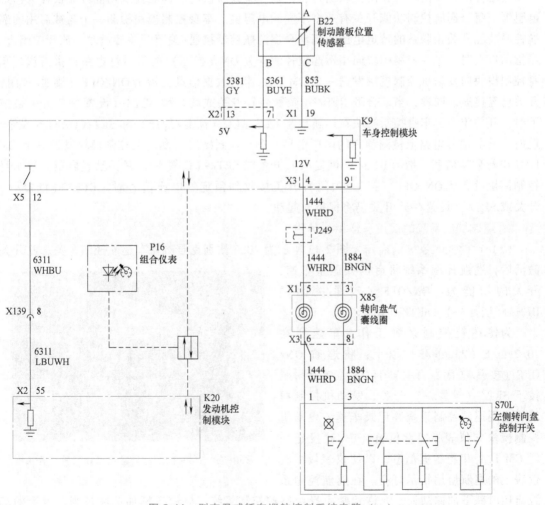

图 2-11 别克君威轿车巡航控制系统电路（一）

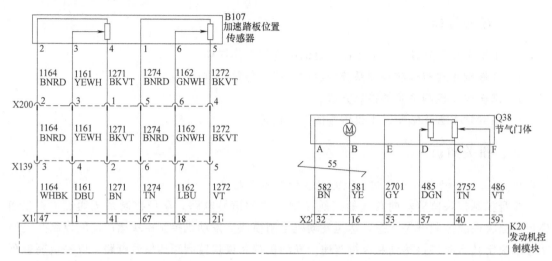

图 2-12　别克君威轿车巡航控制系统电路（二）

巡航控制开关由车身控制模块通过转向盘气囊线圈供电。巡航控制功能开关设计为梯形电阻器，每个巡航控制功能开关有一个不同的电阻值。车身控制模块检测一个与被启用的巡航控制功能开关相联系的特定电压。当动合型巡航控制接通/关闭开关接通时，该开关闭合。当指示灯亮时，车身控制模块向指示巡航控制开关 ON（接通）的指示灯电路提供搭铁。车身控制模块向发动机控制模块发送一个 GM LAN 串行数据信息，指示 ON/OFF（接通/关闭）开关已经接通。同样，当动合型 RES/+(恢复/+) 开关或动合型 SET/-(设置/-) 开关被按下时，开关闭合，车身控制模块在巡航控制 RES/ACC（恢复/加速）和 SET/COAST（设置/巡航）开关信号电路上检测预定的电压信号。车身控制模块向发动机控制模块发送一个 GM LAN 串行数据信息，指示 RES/+(恢复/+) 开关或 SET/-(设置/-) 开关已经启用。当车身控制模块没有从 ON/OFF（接通/关闭）开关接收到预定的电压信号时，RES/+(恢复/+) 开关或 SET/-(设置/-) 开关仍将保持未起动。

2. 巡航控制系统的启用、停用与禁用

（1）巡航控制系统的启用　图 2-13 所示为 2009 款别克君威轿车巡航控制开关。此开关激活后，巡航控制系统将启用并调整车速，开关的功能为：ON/OFF（接通/关闭）、RES/+(恢复/+)、SET/-(设置/-)。

为使巡航控制系统工作，车速要在 40.2km/h（25mile/h）以上，将巡航 ON/OFF（接通/关闭）开关置于 ON 位置并瞬时按下 SET/-(设置/-) 开关。发动机控制模块将启用巡航控制系统并记录车速。发动机控制模块向仪表板组合仪表（IPC）发送一组 GM LAN 串行数据信息，以使仪表板组合仪表上的巡航启用指示灯亮。在巡航控制系

图 2-13　2009 款别克君威轿车巡航控制开关

统启用时踩下加速踏板，允许驾驶人操控巡航控制系统，以使车辆加速超过当前设置的车

速。松开加速踏板时，车速下降，并恢复到当前设置的车速。驾驶人也可以通过 SET/-（设置/-）开关和 RES/+（恢复/+）开关，使车辆超过当前设置的车速。当巡航控制系统启动后，按下并保持 SET/-（设置/-）开关将允许车辆从当前设置速度减速，而不用关闭巡航控制系统。当 SET/-（设置/-）开关被松开，发动机控制模块将记录车速并将此车速作为新的设定车速。巡航控制系统启用后，瞬时按下 SET/-（设置/-）开关，将允许车辆在每次瞬时按下 SET/-（设置/-）开关时以 1.6km/h（1mile/h）的增量减速，最小速度为 37km/h（23mile/h）。

在巡航控制系统启用时，按下并保持 RES/+（恢复/+）开关，将使车辆加速至一个高于当前设置车速的速度。当 RES/+（恢复/+）开关被松开时，发动机控制模块将记录车速并将此车速作为新的设定车速。在巡航控制系统启用时，瞬时按下 RES/+（恢复/+）开关，将允许车辆在每次瞬时按下 RES/+（恢复/+）开关时以 1.6km/h 的增量加速，最大加速为超过当前车速 16km/h。在踩下制动踏板或按下 CANCEL（取消）开关关闭巡航控制系统后，瞬时起动 RES/+（恢复/+）开关将恢复至之前的车速。

（2）巡航控制系统的停用　发动机控制模块会根据以下开关发出的信号停用巡航控制系统：制动踏板位置（BPP）传感器、ON/OFF（接通/关闭）开关、巡航控制 CANCEL（取消）开关。

使用制动踏板时，巡航控制系统将停用。发动机控制模块通过一项直接输入和一项来自车身控制模块指示制动状态的 GM LAN 串行数据信息监控制动踏板位置信号。当两个信号都指示制动踏板踩下时，发动机控制模块将关闭巡航控制系统。当巡航控制 ON/OFF（接通/关闭）开关置于 OFF 位置时，或巡航控制 CANCEL（取消）开关启用时，巡航控制系统将停用。当巡航控制接通/关闭开关关闭，或者点火开关置于 OFF 位置时，发动机控制模块存储器中存储的速度将被清除。车身控制模块向发动机控制模块发送 GM LAN 串行数据信息，以关闭巡航控制系统。

当发动机控制模块检测到驾驶人操控功能已经启用约 60s 时，巡航控制系统将停用。巡航控制系统停用后，发动机控制模块向仪表板组合仪表发送一个 GM LAN 串行数据信息，以熄灭巡航启用指示灯。每次停用巡航控制系统时，发动机控制模块将记录系统停用的原因。发动机控制模块的存储器会记录最后 8 次断开的原因。故障诊断仪显示巡航控制系统最后 8 次断开历史记录参数，在这 8 个参数中的任何一个参数里至少显示 50 个可能原因中的一个。故障诊断仪参数中显示的断开原因，或者是巡航控制系统已启动而被请求断开；或者是请求接合巡航控制系统，但出现了故障。

（3）巡航控制系统的禁用　当出现以下任何情况时，发动机控制模块将禁用巡航控制系统：

1）发动机控制模块没有检测到车身控制模块。

2）使用了制动踏板。

3）设置了巡航控制系统故障诊断码。

4）车速小于 40km/h。

5）车速过高。

6）车辆挂驻车档（P）、倒档（R）、空档（N）或 1 档。

7）发动机转速过低。

8）发动机转速过高。

9）系统电压不在 9~16V 范围内。

10）防抱死制动系统（ABS）/牵引力控制系统（TCS）启用并持续 2s 以上。

3. 巡航控制系统的检修

（1）电路/系统检验 起动发动机，将转向盘来回转到底，按下每个巡航控制开关，同时观察故障诊断仪 Cruise Control Switch（巡航控制开关）参数。按下相应的开关时，该参数应在 ON（接通）、OFF（关闭）、RES（恢复）和 SET（设置）之间切换。

（2）巡航控制开关电路故障测试

1）将点火开关置于 OFF 位置，断开转向盘左侧控制开关的线束插接器。

2）将点火开关置于 ON 位置，测试 B+电路端子 1 和搭铁之间的 B+电压。如果低于规定值，则测试信号电路是否对搭铁短路或开路/电阻过大。如果电路测试正常，则更换车身控制模块。

3）将点火开关置于 ON 位置，测试 B+电路端子 1 和信号电路端子 3 之间的 B+电压。如果低于规定值，则测试信号电路是否对电压短路或开路/电阻过大。如果电路测试正常，则更换车身控制模块。

4）将点火开关置于 OFF 位置，断开车身控制模块处的 X1 线束插接器。

5）测试信号电路端子 3 和搭铁之间的电阻是否为无穷大。如果小于规定值，测试信号电路是否对搭铁短路。

6）如果所有电路测试正常，测试或更换转向盘左侧控制开关。

（3）巡航控制开关部件测试

1）断开转向盘左侧控制开关处的线束插接器。

2）接通巡航控制开关，在逐个起动和按住每个巡航控制功能开关时测量端子 1 和端子 2 之间的电阻，并将电阻器读数与表 2-1 中的数值进行比较。如果不在规定的电阻值范围内，则更换转向盘左侧控制开关。

表 2-1　巡航控制开关测试电阻

功能开关	最小电阻值/kΩ	最大电阻值/kΩ
OFF(关闭)	无限大	无限大
ON(接通)	6.5	7.1
SET/−(设置/−)	2.2	2.4
RES/+(恢复/+)	3.7	3.9
CANCEL(取消)	1.4	1.6

（4）系统故障码

1）运行故障诊断码的条件：巡航控制开关接通，点火开关置于 ON 位置。

2）设置故障诊断码的条件：

① DTC B3794 08：车身控制模块在巡航控制开关信号电路中检测到一个无效电压信号，持续 0.5s。

② DTC B3794 61：开关卡滞在 RES/ACC（恢复/加速）或 SET/COAST（设置/巡航）按钮，持续 60s。

③ P0564：发动机控制模块在巡航控制开关信号电路中检测到一个无效电压信号，持续超过 2s。

④ P0567：发动机控制模块检测到按下 RES（恢复）开关持续 90s 以上。

⑤ P0568：发动机控制模块检测到按下 SET/COAST（设置/巡航）开关持续 90s 以上。

⑥ P0575：发动机控制模块接收到一条从车身控制模块发出的无效巡航控制开关状态串行数据信息。

⑦ P0571~P0573：来自车身控制模块的串行数据信息指示制动器已接合时，发动机控制模块在制动灯开关信号电路上检测到低电压信号。

⑧ P0703：发动机控制模块接收到一个从车身控制模块发出的无效制动踏板状态串行数据信号。

3）设置故障诊断码时采取的操作：故障指示灯（MIL）不亮，巡航控制系统被停用。

4）清除故障诊断码的条件：设置该故障诊断码的条件不再存在，经过 40 次无故障点火循环后，历史故障诊断码将被清除。

任务四　认知主动巡航控制系统的结构和功能

一、任务引入

定速巡航控制是无须驾驶人操控加速踏板就可保持稳定车速的功能。它通过 ME（发动机管理）系统自动补偿空气阻力和滚动阻力的变化，不仅在长途旅行时可提高车辆的操纵灵活性、节省油耗，同时也方便执行超速限制。在车速超过 30km/h 时，ME 系统通过识别驾驶人按下的巡航开关开启巡航功能，自动计算并控制节气门开度，使得车辆始终保持在当前车速。要取消此功能，只需踩下制动踏板或离合器踏板，或直接关闭操纵手柄即可。

主动巡航控制（也称为自适应巡航控制，Adaptive Cruise Control，ACC）系统是一种驾驶人辅助系统，它与传统的车速控制系统相比在功能上有很大扩展。由于减少了对加速踏板和制动踏板的操作，所以可明显提高驾驶舒适性。使用该系统可以使驾驶人严格遵守车速限制以及车距规定，从而保证了交通的畅通。主动巡航控制系统工作情况如图 2-14 所示。

图 2-14　主动巡航控制系统工作情况

二、任务目标

1）掌握主动巡航控制系统及部件结构。

2）掌握主动巡航控制系统的前车行驶情况的测定方法。

3）掌握主动巡航控制系统操作和驾驶人信息显示的功能。

4）培养学生善于钻研、不畏困难的工匠精神。

三、相关知识

1. 主动巡航控制系统及部件结构

（1）系统简介　主动巡航控制系统不但与传统定速巡航系统一样保证了驾驶人可选定

某一车速匀速行驶，而且能保持与前方车辆的车距，即它是车速与车距的结合控制。ACC系统可通过安装在前保险杠下方的雷达探测器来探知本车与前车的车速及车距。如果两车距离大于设定的距离，车辆就会加速到驾驶人事先设定的车速；当两车距离小于设定的车距时，车辆就会通过降低发动机功率、切换档位，甚至在必要时启用制动来减缓车速，以保证设定的车距。此系统进一步提高了驾驶的舒适性，消除了驾驶疲劳，且益于提高行车安全性。ACC系统主要适用于高速公路、低交通密度和宽路面道路远程驾驶的情况。

（2）主动巡航控制（ACC）系统的局限性 主动巡航控制系统是一个驾驶人辅助系统，绝不可以将其看成安全系统，它也不是全自动驾驶系统。该系统的局限性表现在：

1）主动巡航控制系统在车速为30～200km/h时才工作。

2）主动巡航控制系统对固定不动的目标无法做出反应。

3）雨水、浮沫以及雪水、泥水会影响雷达的工作效果。在转弯半径很小时，由于雷达视野受到限制，所以会影响系统的功能。

4）主动巡航控制系统工作时应满足的条件见表2-2。

表2-2 主动巡航控制系统工作时应满足的条件

序号	信息	图　　示
1	车距测量	
2	前车车速测定	
3	前车位置测定	
4	跟踪车辆的选择	

（3）系统部件结构 主动巡航控制系统部件的组成与位置如图 2-15 所示。

供电控制单元 J519

转向角传感器 G85

多媒体操纵单元 E380

前部信息显示和操纵单元 J523

自动变速器控制单元 J217

多点喷射控制单元 J220

数据总线诊断接口 J533
（网关）

使用和起动授权
控制单元 J518

车距调节传感器 G259+
车距调节控制单元 J428

车外温度传感器 G17

ABS 液压单元 N55+
ESP 控制单元 J104

摆动传感器 G202

车轮转速传感器 G44～G47

舒适系统中央控制单元 J393

挂车识别控制单元 J345

转向柱电气控制单元 J527

组合仪表内带显示屏的控制单元 J285

图 2-15 主动巡航控制系统部件的组成与位置

2. 前车行驶情况的测定

雷达是一种给物体定位的电子装置，其基本原理很简单，根据物体表面会反射电磁波的原理，反射回来的那部分电磁波就被当作一种"回声"而接收。

1）车距测量。发射信号和接收到反射信号所需要的时间取决于物体之间的距离。图 2-16b 中的距离是图 2-16a 中的两倍，那么图 2-16b 中反射信号到达接收器所需时间就是图 2-16a 中的两倍。

由于直接测量发射信号和接收到反射信号所需要的时间十分复杂，因此实际采用一种间接测量法，称为调频连续（等幅）波（FMCW）法。这种方法是将连续发射的超高频振荡波（其频率随时间变化）作为发射信号，频率变化（调频）速率为 200MHz/ms，作为"运输工具"的载波信号频率为 76.5GHz。通过这种方法就可以避免使用很复杂的直接测量时间的方式，只需简单地比较一下发射信号和接收（反射）信号的频率差就可以了，如图 2-17 所示。

发射信号和接收（反射）信号的频率差直接取决于物体之间的距离。物体之间的距离越大，反射信号被接收前"运行的时间"就越长，于是发射频率和接收频率之间的差就越大，如图 2-18 所示。

2）确定前车的车速。要想确定前车的车速，需要应用一种物理效应，即多普勒效应。对于反射波的物体来说，它相对于发射波的物体是处于静止状态还是运动状态，是有本质区别的。如果发射波的物体与反射波的物体之间的距离减小了，则反射波的频率就提高了；反之，若距离增大，则这个频率就降低。电子装置会分析这个频率变化，从而得出前车的车速。

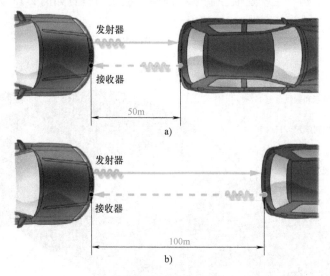

图 2-16　发射器/接收器与物体之间的距离与信号传递时间的关系

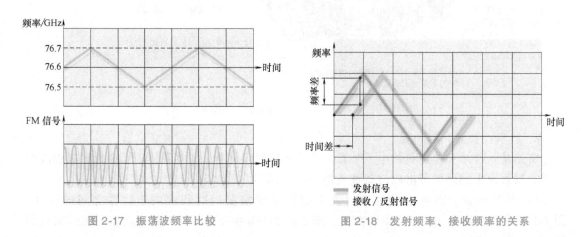

图 2-17　振荡波频率比较

图 2-18　发射频率、接收频率的关系

3）确定前车的位置。雷达信号呈叶片状向外扩散，信号的强度随着与车上发射器的距离变远而呈纵向和横向降低，如图 2-19 所示。

要想确定车辆位置，还需要一个信息，就是本车与前车相对运动的角度。这个角度信息是通过一个三束雷达获得的。各束雷达接收（反射）信号的振幅比（信号强度）传递的就是这个角度信息，如图 2-20 所示。

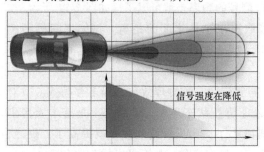

图 2-19　雷达信号距离变化

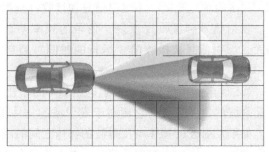

图 2-20　三束雷达测定与前车相对运动的角度

4）确定具体目标。实际行车中，如在高速公路、多车道路面以及转弯时，在雷达的视野中一般会出现多辆汽车，这时就要识别哪一辆与本车行驶在同一条车道上，或者说本车应与哪辆车保持设定的距离，这就需要车距调节控制单元来确定车道。这个过程是相当复杂的，还需要其他附加输入信号。需要的信号中最重要的是摆动传感器信号、车轮转速传感器信号以及转向盘转角信号，对这些信号进行分析就可获得车辆在公路上转弯时的信息。

图 2-21 所示的"假想"车道是根据带有主动巡航控制系统车辆的当前转弯半径和特定的车道平均宽度得出来的。传感器把测到的本车道上距离本车最近的物体作为车距调节的参照物。由于弯路在不断变化，或在驶入弯道及驶离弯道时，可能出现本车短时失去目标（前车）或将相邻车道上的某车当成目标的情况，这就可能导致车辆短时加速或减速。这种情况是系统本身的原因，并不表示有故障。

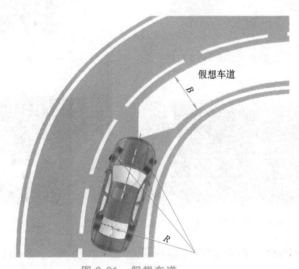

图 2-21　假想车道

R—转弯半径　B—车道平均宽度

图 2-22 所示为车辆以规定的车距跟着前车（右侧）行驶，当车辆经过 90° 的弯路时，前车就会脱离雷达的信号发送/接收区，而相邻车道上的一辆车进入了雷达的视野。虽然车距调节控制单元计算了弯道的情况，但还是会短时出现调节过程（这是由另外一辆车引起的）。

3. 操作和驾驶人信息显示

主动巡航控制系统使用转向盘左侧的主动巡航系统操纵手柄进行操纵，主动巡航控制系统的操纵手柄有一个标有 DIST（距离）的调整滑块，如图 2-23 所示。按下手柄上的 SET（设置）开关，当前车速即作为希望车速存储。希望车速是指在无障碍行驶状态下由主动巡航控制系统设定的最大车速。设定的车速将会在车速里程表刻度盘上以淡红色的发光液晶块显示出来，同时在车速里程表上出现主动巡航定速系统激活的符号，如图 2-24 所示。与系统有关的重要信息显示在仪表板中央

图 2-22　跟踪车辆

显示屏上,如图 2-25 所示。但由于很少出现,因而不需要长久地显示出来。用于详细说明系统功能的辅助信息可由驾驶人在一个附加显示屏上调出,如图 2-26 所示,按下刮水器拨杆下方的 RESET 按钮就可完成这个操作。

图 2-23　主动巡航控制系统操纵手柄实物图

图 2-24　车速里程表中央显示区

图 2-25　仪表板中央显示屏

图 2-26　附加显示屏

主动巡航控制系统一共有 AUS (操纵手柄在 ON 位置)、BEREIT (操纵手柄在 OFF 位置)、AKTIV (自适应巡航系统正在工作) 及 ÜBERTRETEN (控制) 4 种工作模式与状态。AUS 为主动巡航控制系统关闭状态,这时系统已被关闭,无法进行任何操作。BEREIT 为主动巡航控制系统已准备完毕,这个模式表示一种“待机”状态,这时该系统处于接通状态,但并未真正进行调节,如果先前主动巡航控制系统工作过,那么所要求的车速会存入存储器。AKTIV 为主动巡航控制系统正在工作状态,主动巡航控制系统以设定好的车速行驶 (在公路上) 或调节与前车的车距。ÜBERTRETEN 为主动巡航控制状态,即此时驾驶人踏下了加速踏板,使车速超过了主动巡航控制系统设定的车速。

操纵杆有两个位置控制系统的接通与关闭。接通系统只需将该操纵杆向驾驶人方向推至主动巡航系统的 ON 位置即可;关闭系统只需将该操纵杆推至主动巡航系统的 OFF 位置即可,如图 2-27 所示。

起动发动机后,根据这个操纵杆的位置情况,主动巡航控制系统会处于 BEREIT 模式 (操纵杆在 ON) 或 AUS 模式 (操纵杆在 OFF 位置)。系统在接通后就处于 BEREIT 模式,这时转速表上还没有显示任何信息,只有在按下 SET 按键后,主动巡航控制系统才会真正进入 AKTIV 模式。

4. 巡航车速、车距的设定及前车识别

(1) 巡航车速设定　巡航车速是汽车在公路上行驶时,主动巡航控制系统所能调节的

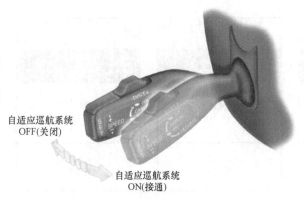

图 2-27 系统的接通与关闭

最高车速，取决于巡航车速控制系统。按下 SET 按键就可以将当前的车速作为要求的巡航车速存储起来，如图 2-28 所示。车速里程表指示环上的一个淡红色发光二极管（LED）指示的就是设定的巡航车速。同时，表示主动巡航系统正在工作的符号出现在车速表上。为了识别主动巡航系统正在工作这个状态，车速表上 30~200km/h 之间的所有发光二极管都呈暗红色发光状态，如图 2-29 所示。如果驾驶人打开了其他显示屏，那么中央显示屏会出现一个显示内容。关闭点火开关后，已存储的巡航车速会被清除掉（出于安全原因）。

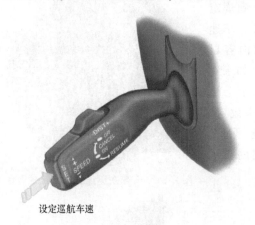

图 2-28 巡航车速设定

图 2-29 车速表上发光二极管呈暗红色发光状态

（2）巡航车距设定（与前车的距离） 本车与前车之间的车距可由驾驶人设定为 4 个级别，如图 2-30 所示。主动巡航控制系统设定的车距取决于当时的车速。所选定的巡航车距确定了车辆加速时的动力性能。所选定的巡航车距短时显示在仪表板中央显示屏上。第一次按下按键时，中央显示屏接通，显示的两车之间的横条数目表示所选定的车距级别。起动发动机后，车距级别的基本设定可由驾驶人进行调整。

（3）识别前车 如果识别出前车，那么车速里程表上会显示出来，如图 2-31 所示。在主动巡航控制系统工作的过程中（车速在 30~200km/h 时），驾驶人可以向上推操纵杆（增速"+"）或向下推操纵杆（减速"-"）来改变已设定的巡航车速，如图 2-32 所示。向"+"和"-"方向拨动操纵杆，每拨 1 次，设定的巡航车速就变动 1 次，变动量为车速里程表刻度盘上的 1 个格。已经改变了的巡航车速由车速里程表上相应的 LED 指示出来。

间距1	间距2	间距3	间距4
时间间隔 1.0s	时间间隔 1.3s	时间间隔 1.8s "半速"	时间间隔 2.3s
动力学特性： 运动型	动力学特性： 标准型	动力学特性： 标准型	动力学特性： 舒适型
适用于： 车辆呈密集队列缓慢 前进和 急速起步	适用于： 车辆队列自由移动 和 舒适跟行	适用于： 车辆队列自由移动 和 舒适跟行	适用于： 乡村和道路 带挂车模式

图 2-30　本车与前车之间的车距级别

5. 驾驶人接管请求

如果系统识别出施加的制动不能使车辆达到规定的车距，就会响起声音信号（"锣"声）。另外，车速表上会显示红色，如图 2-33 所示。这个显示内容以 0.5Hz 频率闪动，提醒驾驶人应主动施加制动。如果驾驶人先前起动了其他显示屏，那么中央显示屏上会出现警告，如图 2-34 所示。警告音可由驾驶人来设定，如果驾驶人踩加速踏板使车速超过了巡航车速，那么车速表上的符号就会消失；若驾驶人起动了辅助显示屏，该屏幕上就会显示出该状态。

图 2-31　前车在车速里程表上的显示

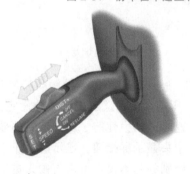

图 2-32　增加或降低车速

6. 系统设定与故障显示

（1）系统设定

1）车距的设定。汽车在出厂时预设的是间距 3，ACC 系统被激活后，该设定一直保持有效状态，直到驾驶人输入另外一个车距。

2）提示音音量的设定。提示音音量的设定有关闭、轻音、中音、高音 4 种状态，出厂时预设的是高音。

图 2-33 车速表上车距红色警示

图 2-34 需驾驶人进行制动的警示

（2）故障显示 如果系统或其外围设备出现严重故障，例如车距调节控制单元失效，主动巡航控制系统会被关闭，故障存储器内会记录故障。外围设备故障会限制系统的功能，例如因制动器温度过高而导致主动巡航控制系统无法使用，故障存储器内无故障记录。

驾驶人进行的制动具有优先权，只需踏下制动踏板就可以使系统关闭。车辆在静止时就可以检查主动巡航控制系统是否能正常工作。

当系统出现故障且发动机正在运转时，如果将主动巡航控制系统操纵杆从 OFF 位置拨到 ON 位置，则暗红的发光二极管（30~200km/h 范围内）应该亮 3s，故障会在中央显示屏上显示。如果主动巡航控制系统已关闭，会有警告声提示。

7. 系统的关闭与激活

（1）主动巡航控制系统的关闭 向汽车的行驶方向轻触操纵杆即可关闭主动巡航控制系统，这时就从 AKTIV 模式切换到 BEREIT 模式。踏下制动踏板也可关闭主动巡航控制系统（系统切换到 BEREIT 模式）。

（2）主动巡航控制系统（RESUME）的激活 如果主动巡航控制系统已经被关闭且处于 BEREIT 模式，则在已经设定了巡航车速的情况下，向驾驶人方向拉操纵杆就可以激活主动巡航控制系统，如图 2-35 所示。

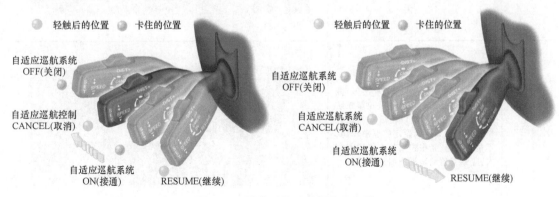

图 2-35 巡航系统开关操作示意图

8. 系统的工作原理与调整诊断

（1）系统工作情况 当脱离 25～220km/h 的车速范围或在车速低于 30km/h 时按下 SET 按键，在识别目标时会出现问题，即目标"太弱"，例如前方车辆是摩托车，或者是在比较广阔的平原且目标区内静止的物体又较少，其工作分为以下两种情况：

1）在开阔的公路上行驶时（前边无车），如果外界气温在 −5～+5℃ 或刮水器已经接通时出现目标识别故障，该系统立即关闭。

2）在正常行驶时（前边有车），第一个预警告不会导致系统马上切断，10s 后主动巡航控制系统关闭，随后会出现带有惊叹号的故障显示。并不是只要出现目标识别不充分，就会显示故障和关闭系统。只要导致系统关闭的原因不再存在，就可以通过 RESUME 或 SET 来重新激活主动巡航控制系统。但如果出现严重故障，则无法激活系统。

（2）系统工作原理 主动巡航控制系统的工作原理见表 2-3。主动巡航控制系统的工作状态如图 2-36 所示，主动巡航控制系统的通信过程如图 2-37 所示，CAN 总线信息的交换内容如图 2-38 所示。

表 2-3　主动巡航控制系统的工作原理

状态 1	后车驾驶人已经激活主动巡航控制系统，并选定了巡航车速 v 和巡航车距 D_W，后车已经加速到选定巡航车速	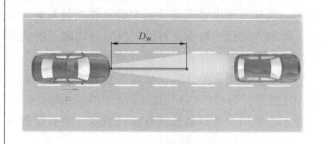
状态 2	后车识别出前车与自己行驶在同一条车道上，于是后车减小节气门开度，必要时会施加制动来减速，直至两车之间的距离达到设定的巡航距离	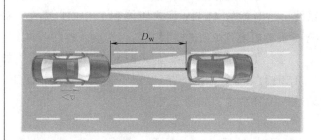
状态 3	如果这时有另一辆车（摩托车）闯入两车之间，那么主动巡航控制系统施加的制动就不足以使后车和摩托车之间的距离达到设定的巡航车距，于是就有声、光报警信号来提醒驾驶人，应踏下制动踏板施加制动	

（续）

状态 4	如果前摩托车驶离车道，那么雷达传感器会侦测到这一情况，于是后车开始加速，直至达到设定的巡航车速	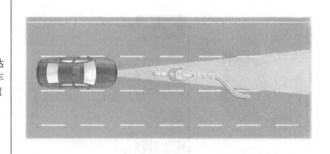

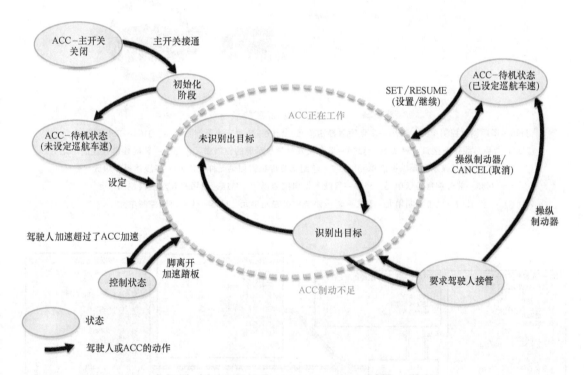

图 2-36　主动巡航控制系统的工作状态

车距调节控制单元信息后括号内的数字表示由哪个控制单元处理相应的信息。例如，"转矩请求"信息就是由控制单元 No. 1-J220 来处理的。车距调节控制单元与传感器之间的电路连接如图 2-39 所示。

（3）系统的调整与诊断　图 2-40 所示雷达信号测出与前车的车距为 130m。如果传感器在水平方向上偏离正确位置 1°，在 130m 处就会产生 2.1m 的偏差。因而，在极端情况下，该车就可能按照相邻车道上的车辆来调节车距。

当传感器或传感器支架损坏需要更换时，必须对传感器进行机械调节。这个调节需要在车轮定位仪上进行。主动巡航控制系统的所有元件始终被监控着，出现的故障会被存入故障存储器内。用 VAS 5051 可读出存储的故障码并进行故障导航查询。

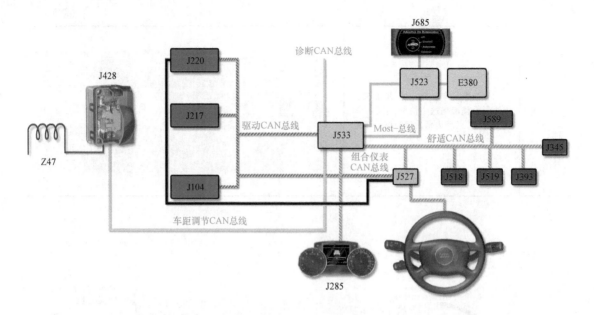

图 2-37　主动巡航控制系统的通信过程

J428—车距调节控制单元　J220—多点喷射控制单元　J217—自动变速器控制单元　J104—ESP 控制单元

J533—数据总线诊断接口（网关）　J285—组合仪表内带显示屏的控制单元　J527—转向柱电气控制单元

J523—信息显示和操纵控制单元　Z47—车距调节传感器加热元件　E380—多媒体操纵单元

J685—前部信息显示单元　J589—驾驶人识别控制单元　J518—使用和起动授权控制单元

J519—供电控制单元　J393—舒适系统中央控制单元　J345—挂车识别控制单元

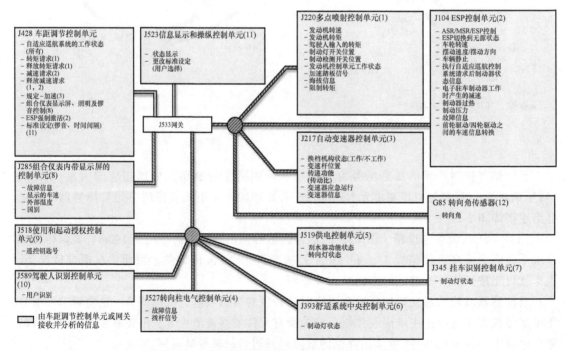

图 2-38　主动巡航控制系统 CAN 总线信息的交换内容

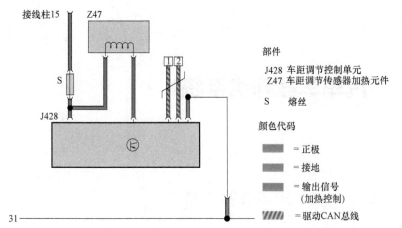

图 2-39 车距调节控制单元与传感器之间的电路连接

部件

J428 车距调节控制单元
Z47 车距调节传感器加热元件

S 熔丝

颜色代码

███ = 正极

███ = 接地

███ = 输出信号
（加热控制）

▨▨▨ = 驱动CAN总线

附加信号

1 驱动CAN总线Low

2 驱动CAN总线High

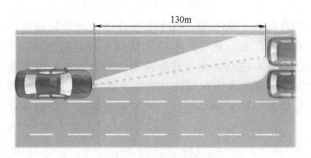

图 2-40 行车示例图

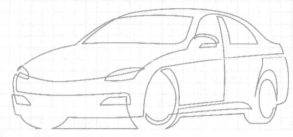

模块三

汽车车载网络系统

任务一　认知车载网络系统

一、任务引入

随着车载电子装置数量的不断增加、汽车电气系统之间的信息交换和资源共享、控制的精细化和汽车故障处理的智能化，使得汽车电气系统布线日趋复杂。车载网络技术的应用，在汽车整体性能的优化和整车控制方面蕴藏着巨大的潜力，从根本上改变了汽车电气系统的布线方式和控制模式。传统的汽车电气系统让位于网络控制的汽车电气系统成为必然。汽车电气的网络化发展引起汽车元件作用的变化，汽车电气系统的故障分析方法及检测方式也发生了相应的变化。

二、任务目标

1）了解汽车车载网络系统的发展。
2）掌握车载网络系统的常用术语。
3）掌握车载网络系统的组成。
4）培养学生遵守职业道德与职业规范。

三、相关知识

1. 车载网络的发展

（1）线束的变化　随着汽车动力、安全、舒适、信息娱乐等系统的不断增加，采用常规的布线方式（即电线一端与开关相接，另一端与用电设备相接）导致汽车上导线数目急剧增加。

汽车新技术的发展应用与汽车线束根数及线径急剧增加的矛盾相当突出。为解决以上问题，车载网络（也称数据传输总线）应运而生。

（2）汽车数据传输总线简介　数据传输总线上传递的信号可以被多个系统共享，从而最大限度地提高系统的整体效率，充分利用资源。

采用总线数据传输（多路传输）的优点主要表现在以下几个方面：
1）简化线束：减轻重量，减少成本，减小尺寸，减少插接器的数量。
2）可以进行设备之间的通信，丰富了功能。
3）通过信息共享减少传感器信号的重复数量。

2. 车载网络系统的常用术语

（1）**数据总线** 数据总线是模块间运行数据的通道，即所谓的信息高速公路，如图 3-1 所示。

（2）**多路传输** 多路传输是指在同一通道或线路上同时传输多条信息，如图 3-2b 所示。

（3）**局域网** 局域网（Local Area Network，LAN）是在一个有限区域内连接的计算机网络，一般这个区域具有特定的职能，

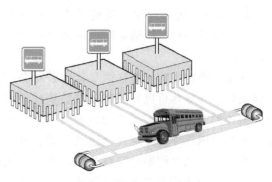

图 3-1 数据总线示意图

通过网络实现这个系统内的资源共享和信息通信。连接到网络上的节点可以是计算机、基于微处理器的应用系统或控制装置。局域网一般的数据传输速度为 105M～1Gbit/s，传输距离小于 250m，误码率低。汽车上的总线传输系统（车载网络）是一种局域网。

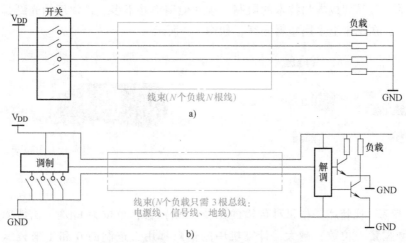

图 3-2 常规线路与多路传输线路的简单对比

a）通常传输方式 b）多路传输方式（串行分时通信）

（4）**模块/节点** 模块是一种电子装置，简单的如温度和压力传感器，复杂的如计算机（微处理器）。传感器是一个模块装置，根据温度和压力的不同产生不同的电压信号。这些电压信号在计算机的输入接口被转变成数字信号。在计算机多路传输系统中的控制单元模块称为节点。一般来说，普通传感器是不能作为多路传输系统的节点的，如果传感器要想成为一个模块/节点，则该传感器必须具备支持多路传输功能的电控单元，如大众车系的转角传感器。

（5）**链路**（传输媒体） 链路指网络信息传输的媒体，分为有线和无线两种类型。目前车上使用的链路大多数都是有线网络，通常用于局域网的传输媒体有双绞线、同轴电缆和光纤。

1）双绞线。如图 3-3 所示，双绞线是局域网中最普通的传输媒体，一般用于低速传输，最大传输速率可达数 Mbit/s；双绞线成本较低，传输距离较近，非常适合汽车网络的情况，也是汽车网络使用最多的传输媒体。

2）同轴电缆。同轴电缆的基本结构如图 3-4 所示。像双绞线一样，同轴电缆也由两个导体组成，但其结构不同。

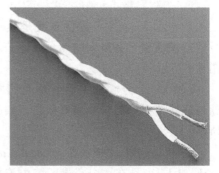

它由一个空心的外圆柱面导体包着一条内部线形导体组成。外导体可以是整体的或金属编织的，内导体是整体的或多股的，用均匀排列的绝缘环或整体的绝缘材料将内部导体固定在合适的位置，外导体用绝缘护套覆盖。几个同轴电缆线往往套在一个大的电缆内，有的里面还装有二芯扭绞线或四芯线组，用于传输控制信号。同轴电缆的外导体是接地的，由于它的屏蔽作用，外界噪声很少能进入其内。

图 3-3　双绞线

3）光纤。光纤在电磁兼容性等方面有独特的优点，数据传输速度高，传输距离远；在车载网络上，特别在一些要求传输速度快的车载网络（如车上信息与多媒体网络）上有很好的应用前景，但受到成本和技术的限制，现在使用得并不多。最常用的光纤是塑料光纤和玻璃纤维光纤，在汽车上多用塑料光纤，如图 3-5 所示。

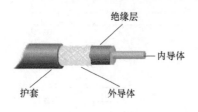

图 3-4　同轴电缆

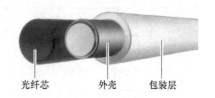

图 3-5　塑料光纤

（6）比特率　比特率是指每秒传输的比特（bit）数，单位为 bit/s。比特率越高，单位时间传输的数据量（位数）越大。计算机中的信息都用二进制的 0 和 1 来表示，其中每一个 0 或 1 被称作一个位，用小写 b 表示，即 bit（位）。大写 B 表示 byte，即字节，1 个字节 =8 个位，即 1B = 8b。一般都使用千字节（kB）来表示文件的大小。

kbit/s 指的是网络速度，也就是每秒传输多少个千位的信息（k 表示千位，kbit 表示的是多少千个位）。为了在直观上显得网络的传输速度较快，一般公司都使用 kb（千位）来表示，如果是 kB/s，则表示每秒传输多少千字节。

（7）传输仲裁　当出现数个使用者同时申请利用总线发送信息时，会发生数据传输冲突，就像同时有两个或者多个人想要过独木桥一样。传输仲裁可以避免数据传输冲突，保证信息按其重要程度来发送。

3. 车载网络系统的组成

车载网络系统主要由控制器、数据总线、网络、传输协议和网关等组成。

（1）控制器　控制器即 ECU，是探测信号或进行信号处理的电子装置。

（2）数据总线　数据总线（BUS）是控制单元之间进行数据传输的通道，即信息高速公路。如果一个控制单元可以通过总线发送数据，又可以从总线接收数据，这样的数据总线称为双向数据总线。汽车上的数据总线实际是一条导线或两条导线。

（3）网络 通常汽车网络结构采用多条不同速率的总线分别连接不同类型的车载计算机模块，并使用网关服务器来实现整车的信息共享和网络管理。

（4）传输协议 传输协议也称为通信协议，是控制通信实体间有效完成信息交换的一组约定和规则。换句话说，要想交流成功，通信双方必须"说同样的语言"（如相同的语法规则和语速等）。汽车车载网络常见的传输协议有数种，传输协议的选择取决于车辆要传输多少数据，要用多少模块，数据总线的传输速度要多快。大多数传输协议（以及使用它们的数据总线和网络）都是专用的，因此，维修诊断时需要专门的软件。

目前存在的多种汽车网络标准，其侧重的功能有所不同。为方便研究和设计应用，美国汽车工程师学会（SAE）的车辆网络委员会将汽车数据传输网络划分为 A、B、C、D 和 E 5 类，见表 3-1。

表 3-1 汽车数据传输网络的类型

类型	功 能
A 类	面向传感器/执行器控制的低速网络,数据传输位速率通常小于 20kbit/s,主要用于后视镜、电动窗、刮水器、空调、照明等车身低速控制
B 类	面向独立模块间数据共享的中低速网络,位速率为 10~125kbit/s,主要应用于车身电子舒适性模块、仪表显示等系统
C 类	面向实时性控制的中高速多路传输网络,位速率为 125kbit/s~1Mbit/s,主要用于牵引控制、发动机控制、自动变速器控制、ABS 控制等
D 类	面向媒体信息的高速传输网络,位速率一般在 1Mbit/s 以上,主要应用于车载视频、车载音像、车载电话、导航等信息娱乐系统
E 类	面向乘员的安全系统高速、实时网络,位速率在 10Mbit/s 以上,主要用于车辆被动性安全领域

（5）网关 从一个房间走到另一个房间需要经过一扇门，从一个网络向另一个网络发送信息，也需要经过一道"关口"，这道关口就是网关。顾名思义，网关（Gateway，GW）就是一个网络连接到另一个网络的"关口"。作为汽车网络系统的核心控制装置，网关负责协调不同结构和特性的总线网络之间的协议转换、数据交换、故障诊断等工作。

由于不同区域车载网络的速率和识别代号不同，一个信号要从一个总线区域进入到另一个总线区域，必须把它的识别信号和速率进行改变才能够让另一个系统接收，这个任务由网关来完成（图 3-6）。由于通过数据总线的所有信息都供网关使用，所以网关也用作诊断接口。另外，网关还具有改变信息优先级的功能。例如车辆发生碰撞事故时，气囊控制单元会发出负加速度传感器的信号，这个信号的优先级在驱动系统是非常高的，但转到舒适系统后，网关调低了它的优先级，因为它在舒适系统的功能只是打开车门和灯。

网关的主要任务是使各总线系统之间能进行信息交换。网关原理可以用火车站的例子来清楚地说明：如图 3-7 所示，在站台 A 到达了一列快车（驱动系统 CAN 总线，500kbit/s），车上有数

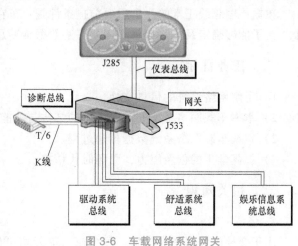

图 3-6 车载网络系统网关

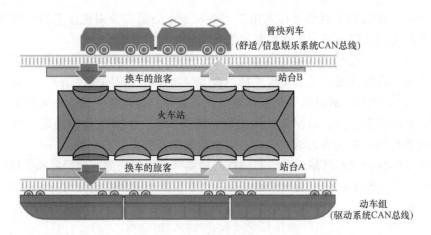

图 3-7　车载网络系统网关原理

百名旅客，在站台 B 已经有一辆火车（舒适/信息娱乐系统 CAN 总线，100kbit/s）在等待，有一些乘客就换到站台 B 这辆火车上，另一些乘客要换乘快车继续旅行。车站/站台的这种功能，即让旅客换车，以便通过速度不同的交通工具到达各自目的地的功能，与各数据总线系统网络的网关功能是相同的。

任务二　认知 CAN 总线传输系统

一、任务引入

CAN 是 Controller Area Network（控制器局域网）的缩写，是国际标准化的串行通信协议。目前，CAN 总线是汽车网络系统中应用最多，也最为普遍的一种总线技术。

如果数据传输总线系统出现故障，故障就会存入相应的控制单元故障存储器内，可以用诊断仪读出这些故障。控制单元拥有自诊断功能，通过自诊断功能，可识别出与数据传输总线相关的故障。用诊断仪读出数据传输总线故障记录后，即可按这些信息准确地查寻故障。控制单元内的故障记录用于初步确定故障，还可用于读出排除故障后的无故障说明。

数据传输总线正常的一个重要前提条件是：车在任何工况均不应有数据传输总线故障记录。为了能够确定及排除故障，需要了解数据传输总线上的数据交换基本原理。

二、任务目标

1）了解网络系统的信息交换。

2）掌握车载网络系统的功能元件的结构与功能。

3）掌握车载网络系统数据传递过程。

4）提高学生的创新能力，弘扬时代精神。

三、相关知识

1. 信息交换

用于交换的数据称为信息，每个控制单元均可发送和接收信息。信息以二进制值（一

系列 0 和 1）来表示，其中包含着要传递的物理量，例如，发动机转速为 1800r/min 可表示成 00010101，如图 3-8 所示，二进制数据流也称为比特流。

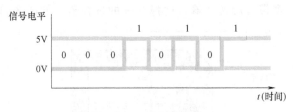

图 3-8　二进制数据流

在发送过程中，二进制值先被转换成连续的比特流，该比特流通过 TX 线（发送线）到达收发器（放大器），收发器将比特流转化成相应的电压值，最后这些电压值按时间顺序依次被传输到数据传输总线的导线上。

在接收过程中，这些电压值经收发器转换成比特流，再经 RX 线（接收线）传至控制单元，控制单元将这些二进制连续值转换成信息。例如：00010101 这个值被转换成 1800r/min。

每个控制单元均可接收由收发器发送出的信息。该原理称为广播，就像一个广播电台发送某一节目一样，每个连接的用户均可接收。这种广播方式可以使连接的所有控制单元总是处于相同的信息状态，如图 3-9 和图 3-10 所示。

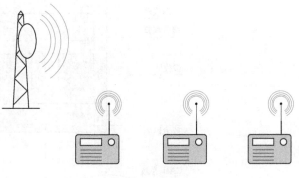

图 3-9　广播原理

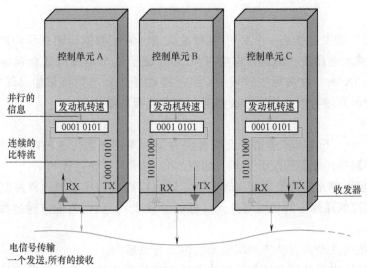

图 3-10　车载网络系统的数据传输

2. 功能元件

（1）控制单元　控制单元接收来自传感器的信号，将其处理后再控制执行元件。控制

单元中的重要构件为一个微控制器，其上带有输入/输出存储器和程序存储器。控制单元接收到的传感器值（如发动机温度或转速）会被定期查询并按顺序存入输入存储器中。这个过程在原理上相当于一个带有旋转式输入选择开关的选择器，如图3-11所示。

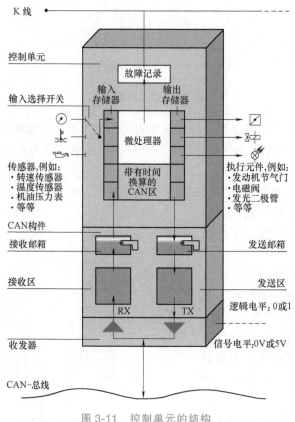

图 3-11　控制单元的结构

（2）收发器　收发器就是一个发送/接收放大器，它把数据传输总线构件连续的比特流（逻辑电平）转换成电压值（线路传输电平），或反之。这个电压值适合铜导线上的数据传输。收发器通过 TX 线（发送导线）或 RX 线（接收导线）与数据传输总线构件相连。RX线通过一个放大器直接与数据传输总线相连，总在监听总线信号。

3. 数据传递过程

（1）发送过程　下面以转速信息交换过程为例，阐述数据传递的时间顺序以及数据传输总线构件与控制单元之间的配合关系，如图3-12所示。工作过程如下：

1）发动机控制单元的传感器接收转速值。该值以固定的周期到达微控制器的输入存储器内。由于该转速值还用于其他控制单元（如组合仪表），所以该值应通过数据传输总线来传递。

2）该转速值被复制到发动机控制单元的输出存储器内。

3）该信息从输出存储器进入数据传输总线构件的发送邮箱内。如果发送邮箱内有一个实时值，那么该值就会由发送特征位（举起的小旗示意有传输任务）显示出来。将发送任务委托给数据传输总线构件，发动机控制单元就完成了此过程中的任务。

4）发动机转速值按协议被转换成数据传输总线的特殊格式，如图3-13所示。

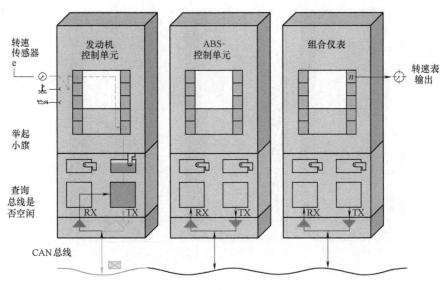

图 3-12 信息发送过程

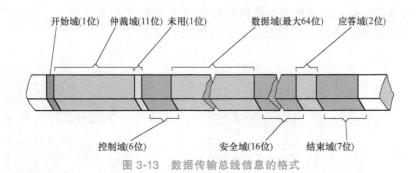

图 3-13 数据传输总线信息的格式

5）数据传输总线构件通过 RX 线来检查总线是否有源（是否正在交换别的信息），如图 3-14 所示，必要时会等待，直至总线空闲下来为止。如果总线空闲下来，发动机信息就会被发送出去。

（2）接收过程 信息接收过程分为两步，如图 3-15 所示。

第一步：检查信息是否正确（在监控层）。

第二步：检查信息是否可用（在接收层）。

1）信息接收。连接的所有装置都接收发动机控制单元发送的信息。该信息通过 RX 线到达数据传输总线构件各自的接收区。

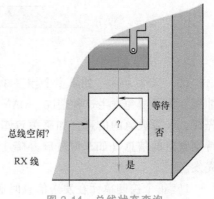

图 3-14 总线状态查询

2）信息检验。接收器接收发动机的所有信息，并且在相应的监控层检查这些信息是否正确。

3）信息接受。已接收到的正确信息会到达相关数据传输总线构件的接收区，在那里决定该信息是否用于完成各控制单元的功能。如果不是，该信息就被拒收；如果是，该信息就

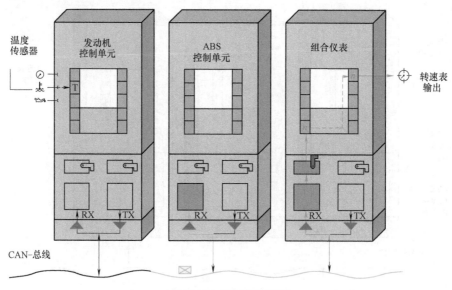

图 3-15　信息接收过程

会进入相应的接收邮箱。控制单元根据接收信号（升起的"接受小旗"）就会知道：现在有一个信息（如转速）在排队等待处理，如图 3-16 所示。

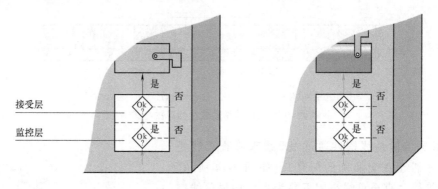

图 3-16　信息接收判断

（3）传输仲裁　如果多个控制单元同时发送信息，那么数据总线上就必然会发生数据冲突。为了避免发生这种情况，CAN 总线具有冲突仲裁机制。按照信息的重要程度分配优先权，十万火急的信息（如事关汽车被动安全、汽车稳定性控制的信息）优先权高，不是特别紧急的信息（如车窗玻璃升降、车门锁止等）优先权低，确保优先权高的信息能够优先发送。

1）每个控制单元在发送信息时通过发送标识符来标识信息类别，信息优先权包含在标识符中。

2）所有控制单元都通过各自的 RX 线来跟踪总线上的一举一动并获知总线状态。

3）每个控制单元的发射器都将 TX 线和 RX 线的状态一位一位地进行比较（它们可以不一致）。

4）数据传输总线的调整规则：用标识符中位于前部的"0"的个数代表信息的重要程

度，"0"的位数越多越优先，从而保证按重要程度的顺序来发送信息。越早出现"1"的控制单元，越早退出发送状态而转为接收状态。基于安全考虑，涉及安全系统的数据优先发送。

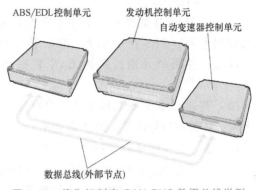

图 3-17 优先权判定 CAN-BUS 数据总线举例

例如，由 ABS/EDL 控制单元提供的数据比自动变速器控制单元提供的数据（驾驶舒适）更重要，因此具有优先权。数据列的状态域是由 11 位组成的编码，其数据的组合形式决定了数据的优先权，如图 3-17 所示。3 个控制单元同时发送数据列，此时，在 CAN-BUS 数据传输线上进行一位一位的比较，如果 1 个控制单元发送了 1 个低电位而检测到 1 个高电位，那么该控制单元就停止发送数据列而转为接收器。

表 3-2 是 3 组不同数据列的优先权，如图 3-18 所示，在数据列的状态域位 1，ABS/EDL 控制单元发送了 1 个高电位，发动机控制单元也发送了 1 个高电位，自动变速器控制单元发送了 1 个低电位而检测到 1 个高电位，那么自动变速器控制单元将失去优先权而转为接收器。在数据列的状态域位 2，ABS/EDL 控制单元发送了 1 个高电位，发动机控制单元发送了 1 个低电位并检测到 1 个高电位，那么，发动机控制单元也失去优先权而转为接收器。在数据列的状态域位 3，ABS/EDL 控制单元拥有最高优先权并接收分配的数据，该优先权保证其持续发送数据直至发送终了，ABS/EDL 控制单元结束发送数据后，其他控制单元再发送各自的数据。

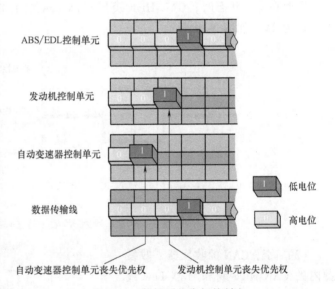

图 3-18 数据列优先权的判定

表 3-2 不同数据列的优先权

优先权	数据报告	状态域测试
1	Brake1（制动 1）	001 1010 0000
2	Engine1（发动机 1）	010 1000 0000
3	Gearbox1（变速器 1）	100 0100 0000

4. 高速 CAN 数据总线

CAN 数据总线是一种双线式数据总线，汽车上采用的一般分为两种：低速 CAN 数据总

线和高速 CAN 数据总线。高速 CAN 数据总线广泛用于汽车动力与安全系统的数据传递，传输速率为 500kbit/s。

（1）高速 CAN 数据总线的主要联网单元　高速 CAN 数据总线的主要联网单元包括发动机控制单元、ABS 控制单元、ESP 控制单元、变速器控制单元、安全气囊控制单元、组合仪表，控制单元通过高速 CAN 数据总线的 CAN-High 线和 CAN-Low 线来进行数据交换。

（2）高速 CAN 数据总线上的信号电压变化　在静止状态时，这两条导线上有相同预先设定值，该值称为静电平。对于高速 CAN 数据总线来说，这个值大约为 2.5V。静电平也称为隐性状态，连接的所有控制单元均可修改它。

在显性状态时，CAN-High 线上的电压值会升高一个预定值，这个值至少为 1V；而 CAN-Low 线上的电压值会降低一个同样值。于是在高速 CAN 数据总线上，CAN-High 线就处于激活状态，其电压不低于 3.5V（2.5V+1V=3.5V）；而 CAN-Low 线上的电压值最多可降至 1.5V（2.5V-1V=1.5V）。

因此在隐性状态时，CAN-High 线与 CAN-Low 线上的电压差为 0V，在显性状态时该差值最低为 2V，如图 3-19 所示。

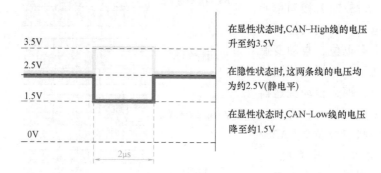

图 3-19　CAN 数据总线上的信号电压变化

（3）高速 CAN 的收发器　收发器内的 CAN-High 线和 CAN-Low 线上的信号转换控制单元，是通过收发器连接到高速 CAN 总线上的。在这个收发器内有一个接收器，该接收器是安装在接收一侧的差动信号放大器，如图 3-20 所示。

差动信号放大器用于处理来自 CAN-High 线和 CAN-Low 线的信号，除此以外还负责将转换后的信号传至控制单元的 CAN 接收区。

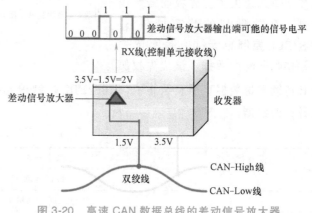

图 3-20　高速 CAN 数据总线的差动信号放大器

（4）高速 CAN 数据总线差动信号放大器内的干扰过滤　由于 CAN 总线线束要布置在发动机舱内，所以 CAN 总线难免会遭受各种电磁干扰。在对车辆进行维修、维护时，要充分考虑线束对地短路（搭铁）和蓄电

池电压、点火装置的火花放电和静态放电等因素对 CAN 总线的干扰。

CAN-High 信号和 CAN-Low 信号经过差动信号放大器处理后，可最大限度地消除干扰的影响。这种差动放大技术的另一个优点是：即使车上的供电电压有波动（例如在起动发动机时），也不会影响各个控制单元的数据传递的可靠性。

（5）高速 CAN 数据总线上的阻抗匹配　数据传输终端是一个终端电阻，防止数据在导线终端被反射产生反射波，反射波会破坏数据。终端电阻接在 CAN-High 线和 CAN-Low 线之间。标准 CAN-BUS 的原始形式中，在总线的两端接有两个终端电阻，如图 3-21 所示。高速 ACN 数据总线的终端总电阻为 60Ω。

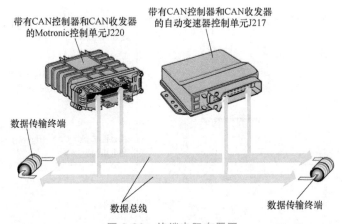

图 3-21　终端电阻布置图

有些车型中设置有两种终端电阻，包括 66Ω 和 2.6kΩ，如图 3-22 所示。将负载电阻分布在各个控制单元内，其中在发动机控制单元中装有"中央终端电阻"，其他控制单元中安装大电阻。

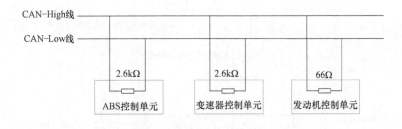

图 3-22　分散型终端电阻布置图

5. 低速 CAN 数据总线

低速 CAN 数据总线广泛用于车身、舒适与信息系统的数据传递，传输速率为 100kbit/s。

（1）低速 CAN 数据总线的联网单元　低速 CAN 数据总线的联网单元主要包括：全自动空调/空调控制单元、车门控制单元、舒适控制单元、收音机和导航显示控制单元等。控制单元通过低速 CAN 数据总线的 CAN-High 线和 CAN-Low 线来进行数据交换，如车门开/关、车内灯开/关、音像控制信号、车辆定位（GPS）等。

（2）低速 CAN 数据总线上的信号电压变化　为了使低速 CAN 数据总线抗干扰性强且电

流消耗低，与高速 CAN 数据总线相比做了一些改动：

1）由于使用了单独的驱动器（功率放大器），这两个 CAN 信号不再有彼此依赖的关系了。与高速 CAN 数据总线不同，低速 CAN 数据总线的 CAN-High 线和 CAN-Low 线不是通过电阻相连的，即 CAN-High 线和 CAN-Low 线不再彼此相互影响，而是彼此独立作为电压源来工作。

2）放弃了共同的中压。对于 CAN-High 信号，隐性状态（静电平）时为 0V，显性状态时≥3.6V。对于 CAN-Low 信号，隐性状态（静电平）时为 5V，显性状态时≤1.4V，如图 3-23 所示。

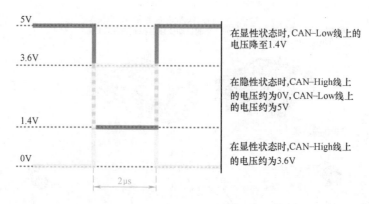

图 3-23　舒适/信息系统 CAN 总线的信号变化

（3）低速 CAN 数据总线的 CAN 收发器　低速 CAN 数据总线的收发器如图 3-24 所示，其工作原理与高速 CAN 数据总线收发器基本是一样的，只是输出的电压电平和出现故障时切换到 CAN-High 线或 CAN-Low 线（单线工作模式）的方法不同。

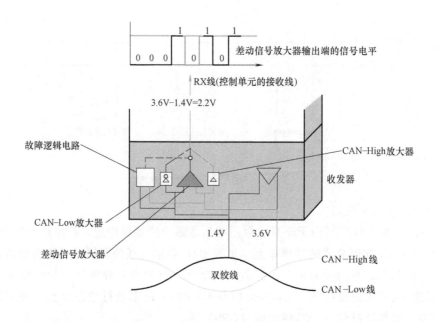

图 3-24　低速 CAN 数据总线的收发器

任务三 认知其他类型总线传输系统

一、任务引入

目前汽车车载网络系统除了最普遍应用的 CAN 总线系统外，在一些车型上也使用 LIN 总线、MOST 总线、车载蓝牙系统、VAN 总线、LAN 总线等。下面简要介绍 LIN 总线、MOST 总线和车载蓝牙系统的特点及其应用。

二、任务目标

1）掌握 LIN 总线的功能及应用。
2）掌握 MOST 总线的功能及应用。
3）掌握车载蓝牙系统的功能及应用。
4）培养学生辩证认识问题的能力。

三、相关知识

1. LIN 总线

（1）概述 局域互联网（Local Interconnect Network，LIN）的标志见图 3-25。Local Interconnect（局域互联）表示所有的控制单元都装在一个有限的空间内（如车顶），所以它也被称为"局域子系统"。

图 3-25 LIN 的标志

LIN 的诞生时间还不长，在汽车上的应用才刚刚起步。从某种意义上来讲，LIN 就相当于 CAN 的经济版通信网络，可定位于低于 CAN 的通信层。目前，LIN 总线在汽车上的应用领域主要有防盗系统、自适应前照灯、氙气前照灯、驾驶人侧开关组件、外后视镜、中控门锁、电动天窗、空调系统的鼓风机、加热器控制等。

LIN 总线系统的突出特点是：LIN 总线是单线式总线，仅靠一根导线传输数据。如图 3-26 所示，LIN 总线系统的构成有 3 个部分：LIN 上级控制单元，亦即 LIN 主控制单元；LIN 从属控制单元，亦即 LIN 从控制单元；单根导线。

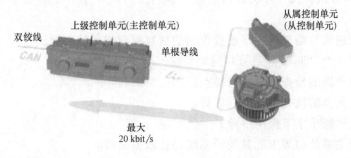

图 3-26 LIN 总线系统的构成

（2）LIN 主控制单元 LIN 主控制单元连接在 CAN 数据总线上，如图 3-27 所示。它执

行 LIN 的主功能。其主要作用如下：

1）监控数据传递和数据传递的速率，发送信息标题。

2）LIN 主控制单元的软件内已经设定了一个周期，这个周期用于决定何时将哪些信息发送到 LIN 数据总线上多少次。

3）LIN 主控制单元在 LIN 数据总线与 CAN 数据总线之间起"翻译"作用，它是 LIN 数据总线系统中唯一与 CAN 数据总线相连的控制单元。

4）通过 LIN 主控制单元进行与之相连的 LIN 从控制单元的自诊断。

（3）LIN 从控制单元　在 LIN 数据总线系统内，单个的控制单元、传感器及执行元件都可看作 LIN 从控制单元。传感器内集成有一个电子装置，该装置对测量值进行分析。数值是作为数字信号通过 LIN 总线传递的。有些传感器和执行元件只使用 LIN 主控制单元插口上的一个针脚，即可实现信息传输（即单线传输，见图 3-27）。

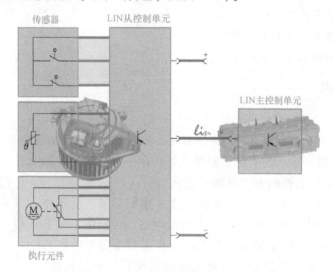

图 3-27　LIN 总线信息的单线传输

LIN 执行元件都是智能型的电子或机电部件，这些部件通过 LIN 主控制单元的 LIN 数字信号接受任务。LIN 主控制单元通过集成的传感器来获知执行元件的实际状态，然后就可以进行规定状态和实际状态的对比，并发出相应的控制指令。只有当 LIN 主控制单元发送出控制指令后，传感器和执行元件才会做出反应（执行主控制单元的控制指令）。LIN 从控制单元的特点如下：

1）接收、传递或忽略与从主系统接收到的信息标题相关的数据。

2）可以通过一个"叫醒"信号叫醒主系统。

3）对所接收数据的检查总量进行检查。

4）对所发送数据的检查总量进行计算。

5）同主系统的同步字节保持一致。

6）只能按照主系统的要求同其他子系统进行数据交换。

（4）数据传输

1）传输速率。数据传递速率为 1~20kbit/s，在 LIN 控制单元的软件内已经设定完毕，该速率最大能达到舒适 CAN 数据总线传输速率的 1/5。

2）LIN 数据总线信号。LIN 数据总线上的信号电平如图 3-28 所示。

隐性电平：如果所有节点都没有驱动收发器晶体管导通，此时在 LIN 数据总线上的电压就是蓄电池电压，为隐性电平，表示逻辑"1"。

显性电平：当有节点需要向外发送信息时，发送控制单元内的收发器驱动晶体管导通，将 LIN 数据总线导线搭铁，此时在 LIN 总线上的电压为 0V，为显性电平，表示逻辑"0"。

2. MOST 总线

（1）概述 MOST（Media Oriented Systems Transport）总线是一种用于多媒体数据传输的网络系统，其标志如图 3-29 所示。该系统将符合地址的信息传输到某一接收器上，在这一点上，与 CAN 数据总线是不同的。

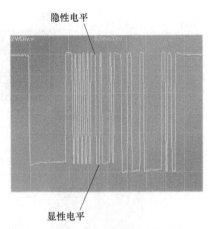

图 3-28 LIN 数据总线上的信号电平

通过采用 MOST 总线，不仅可以减轻连接各部件的线束的质量、降低噪声，而且可以减轻系统开发技术人员的负担，最终在用户处实现各种设备的集中控制。

MOST 总线可连接汽车音像系统、视频导航系统、车载电视、高保真音频放大器、车载电话、多碟 CD 播放器等模块，其数据传输速率最高可达 22.5Mbit/s，而且没有电磁干扰。因此，目前高端汽车上大多采用 MOST 系统连接其车载影音娱乐系统（图 3-30）。

图 3-29 MOST 总线的标志

在 MOST 总线中，相关部件之间的数据交换是以数字方式来进行的。通过光波进行数据传递有导线少且重量轻的优点，另外传输速率也快得多。与无线电波相比，光波的波长更短，因此它不会产生电磁干扰，同时对电磁干扰也不敏感。这些特点就决定了其传输速率很高且抗干扰性很强。

（2）MOST 总线系统状态

1）休眠模式。处于休眠模式时，MOST 总线内没有数据交换，静态电流降至最小值，系统处于待命状态（图 3-31），只能由系统管理器发出的光波起动脉冲来激活。

进入休眠模式的条件是：

① MOST 总线系统上的所有控制单元都已准备好要切换到休眠状态。

② 其他总线系统没有通过网关提出任何要求。

③ 故障自诊断系统没有处于工作状态。

在上述的条件下，MOST 总线可通过下述方法切换到休眠状态：

① 在蓄电池放电时，由蓄电池管理器经网关切换到休眠状态。

② 通过自诊断仪器（如 VAS 5051）激活"传输模式"，使 MOST 总线系统切换到休眠状态。

2）备用模式。如图 3-32 所示，MOST 总线系统处于备用模式时，无法为用户提供任何服务，给人的感觉就像系统已经关闭一样。但这时 MOST 总线系统仍在后台运行，所有的输

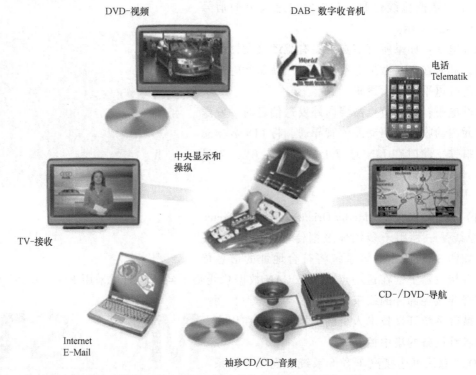

DVD-视频　　　　　　　　DAB-数字收音机

电话
Telematik

中央显示和
操纵

TV-接收

Internet
E-Mail

CD-/DVD-导航

袖珍CD/CD-音频

图 3-30　Audi A8 轿车的信息及娱乐多媒体系统

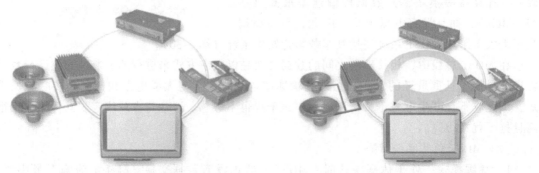

图 3-31　处于休眠模式下的 MOST 总线系统　　　　图 3-32　处于备用模式下的 MOST 总线系统

出介质（如显示屏、收音机放大器等）都不工作或不发声。备用模式在发动机起动及系统持续运行时被激活。备用模式的激活条件为：

①由其他数据总线通过网关激活，如驾驶人侧车门门锁打开、车钥匙插入点火开关、点火开关 ON 档接通等。

②由 MOST 总线上的某个控制单元来激活，如外界打入的电话等。

3）通电工作模式。如图 3-33 所示，MOST 总线系统处于通电工作模式时，控制单元完全接通，MOST 总线上有数据交换，用户可使用影音娱乐、通信、导航等所有功能。

进入通电工作模式的前提条件是：

① MOST 总线处于备用状态。

②其他数据总线通过网关激活 MOST 总线系统（如将汽车钥匙插入使用和起动授权开

关内，S 触点闭合）。

③ 通过用户操作影音娱乐设备来激活 MOST 总线系统（如操作多媒体操纵单元 E380 的功能选择按钮）。

（3）光学传输控制单元的结构 在光学总线中，每一个总线用户（收音机、CD 唱机、视频导航仪等）都有一个光学传输控制单元，用于实现光学传输的信号调制、解调和控制。光学传输控制单元（图 3-34）由内部供电装置、收发单元-光导发射器（FOT）、光波收发器、标准微控制器（CPU）、专用部件等组成。

图 3-33 处于通电工作模式下的 MOST 总线系统

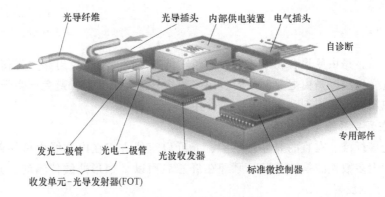

图 3-34 光学传输控制单元

（4）光导纤维 光导纤维又称光缆，作用是将在某一控制单元发射器内产生的光波传输到另一个控制单元的接收器（图 3-35）。

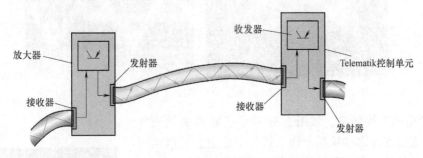

图 3-35 光导纤维传输光波

1）使用光导纤维注意事项。
① 光波是沿直线传播的，且不可弯曲，但光波在光导纤维内必须以弯曲的形式传播。
② 发射器与接收器之间的距离可以达到数米。
③ 机械应力作用（如振动、安装等）不应损坏光导纤维。
④ 在车内温度剧烈变化时应能保证光导纤维的功能。
2）光导纤维的结构。如图 3-36 和图 3-37 所示，光导纤维由以下几层构成：

① 纤芯，是光导纤维的核心部分，是光波的传输介质，也可以称为光波导线。纤芯一般用有机玻璃或塑料制成，纤芯内的光波根据全反射原理几乎无损失地传输。

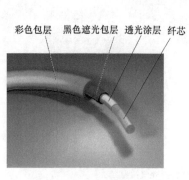

图 3-36　光导纤维的结构

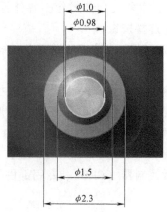

图 3-37　光导纤维各部分的尺寸

② 透光涂层，是由氟聚合物制成的，它包在纤芯周围，对全反射起关键作用。

③ 黑色遮光包层，是由尼龙制成的，用来防止外部光源照射，避免产生干扰。

④ 彩色包层，起到识别、保护及隔热作用。

3）光波在光导纤维中的传输。

① 直的光导纤维。在直的光导纤维中，光纤以直线方式在内芯线中传导部分光波，如图 3-38 所示。大多数光波是按全反射原理在纤芯表面以 Z 字形曲线传输的，其结果在内芯线的表面产生了全反射。

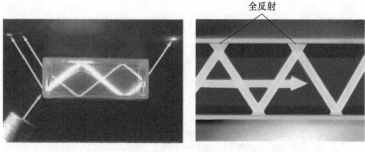

图 3-38　光波在直的光导纤维中的传输

② 弯曲的光导纤维。如图 3-39 所示，在弯曲的光导纤维中，通过在纤芯的涂层界面上进行全反射，可以实现光波的正常传输，但光导纤维的曲率不宜过大。

③ 全反射。当一束光波以小角度照射到折射率高的材料与折射率低的材料之间的界面时，光束就会被完全反射，这种现象称为光波的全反射。

（5）MOST 总线的环形拓扑结构

1）环形拓扑结构。图 3-40 所示为 MOST 总线系统的环形拓扑结构。控制单元通过光导纤维沿环形方向将数据发送到下一个控制单元。这个过程一直在持续进行，直至

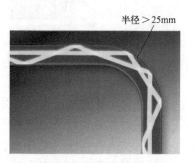

图 3-39　光波在弯曲的光
导纤维中的传输

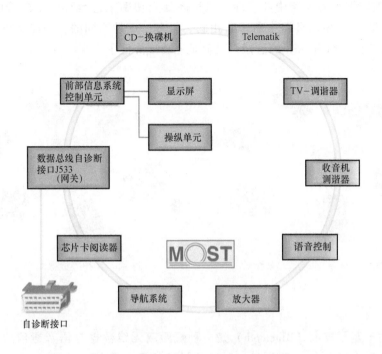

图 3-40　MOST 总线系统采用环形拓扑结构

首先发出数据的控制单元又接收到这些数据为止。可以通过数据总线自诊断接口和诊断CAN 总线来对 MOST 系统进行故障诊断。

2）MOST 总线系统管理器。MOST 总线系统管理器与诊断管理器共同负责 MOST 总线内的系统管理。系统管理器的作用如下：①控制系统状态；②发送 MOST 总线信息；③管理传输容量。

（6）MOST 总线的诊断

1）诊断管理器。除系统管理器外，MOST 总线还有一个诊断管理器。诊断管理器执行环路断开诊断，并将 MOST 总线上的控制单元诊断数据传给诊断控制单元。

2）系统故障。如果在数据传输过程中，MOST 总线上的某一位置处发生数据传输中断，就无法完成正常的数据传输任务。由于 MOST 总线是环形结构，因此将这种数据传输中断称为环路中断，亦即总线断路。发生环路中断后，音频和视频播放会终止，通过多媒体操纵单元无法控制和调节影音娱乐系统；同时，诊断管理器的故障存储器中存有故障信息——"光纤数据总线断路"。

光导纤维断路、发射器或接收器控制单元的供电电路故障以及发射器或接收器控制单元本身损坏等原因均可能导致 MOST 总线系统出现环路中断。要想确定出现环路中断的具体位置，就必须进行环路中断诊断。环路中断诊断是诊断管理器执行元件诊断内容的一部分。

3）环路中断诊断。如果 MOST 总线上出现环路中断，就无法进行数据传递，需要使用诊断线来进行环形中断诊断。将诊断线通过中央导线插接器与 MOST 总线上的各个控制单元相连（图 3-41）。要确定环路中断的位置就必须进行环路中断诊断。

4）信号衰减增大的环路中断诊断。通过降低光功率来进行环路中断诊断如图 3-42 所示，其过程与图 3-41 所示环路中断诊断相同。但有一点是不同的，即控制单元接通光导发射器内的发光二极管时有 3dB 的衰减，也就是光功率降低了一半。

图 3-41　诊断导线与 MOST 总线上的
　　　　各个控制单元相连

图 3-42　信号衰减幅度增大的诊断

3. 车载蓝牙系统

（1）概述　蓝牙技术（Bluetooth）是一种短距离无线数据与语音通信的开放性全球规范，其标志如图 3-43 所示。蓝牙是一种支持设备短距离通信（一般 10m 内）的无线电技术，能在移动电话、PDA、无线耳机、笔记本计算机、无线鼠标、计算机相关外设等众多设备之间进行无线信息交换。

图 3-43　蓝牙的标志

（2）蓝牙系统的组成　蓝牙系统由蓝牙模块、蓝牙协议、应用系统和无线电波组成。由于蓝牙技术使用的无线电波的波长非常短，因此可将天线、控制装置、编码器、发送器和接收器集成在一个模块上，简称蓝牙模块。蓝牙模块结构非常小巧，可以很方便地安装在移动装置内，或集成在适配器（如 PC 卡、USB 等）内。

蓝牙系统的特点如下：

① 蓝牙技术使用全球通用的（2.40～2.48）GHz 频段的无线电波，属于 ISM 频段，该频段在世界范围内的工业、科学、医学领域属无需协议或付费。

② 蓝牙装置微型模块化。由于所使用波长特别短，可将天线、控制器、编码器、发送器和接收器均集成在蓝牙微型模块内。

③ 蓝牙设备之间的数据传输无需复杂设定。

④ 蓝牙系统中的数据传输速率高，可达 1Mbit/s，有效传输距离为 10～100m。

⑤ 具有很好的抗干扰能力；蓝牙采用了跳频技术抗干扰，将频带分成若干个跳频信道。

（3）车载蓝牙免提系统的功能　车载蓝牙免提系统是专为行车安全和舒适性而设计的，

其主要功能是：自动辨识移动电话，不需要电缆或电话托架便可与手机联机；使用者不需要碰触手机（双手保持在转向盘上）便可控制手机，用语音指令控制接听或拨打电话，使用者可以通过车上的音响或蓝牙或无线耳机进行通话。

任务四 认知车载网络系统故障与检测方法

一、任务引入

对于车载网络系统故障的维修，应根据车载网络系统的具体结构和控制回路进行具体分析，然后对车载网络系统的故障进行检测。

二、任务目标

1）了解总线系统故障的类型。
2）掌握车载网络系统的基本诊断步骤和检测方法。
3）掌握 CAN 数据总线的检测方法。
4）激发学生的奋发图强的意志品格。

三、相关知识

1. 总线系统的故障类型

一般来说，引起车载网络系统故障的原因有 3 种：

（1）**控制单元电源故障** 车载网络传输系统的核心部分是含有通信芯片的电控模块（ECM），电控模块的正常工作电压为 10.5~15.0V。如果汽车电源系统提供的工作电压低于该值，就会造成一些对工作电压要求高的电控模块停止工作，从而使车载网络系统出现无法通信的故障。这种现象就如同用故障诊断仪在未起动发动机时就已经设定好要检测的传感器界面，当发动机起动时，由于电压下降导致通信中断，致使故障诊断仪回到初始界面。

（2）**节点故障** 节点是车载网络传输系统中的电控模块，因此节点故障就是电控模块故障，包括软件故障和硬件故障。软件故障即传输协议或软件程序有缺陷或冲突，从而使车载网络传输系统通信出现混乱或无法工作，这种故障一般成批出现，且无法维修；硬件故障一般由于通信芯片或集成电路故障，造成车载网络传输系统无法正常工作。

（3）**链路故障** 当车载网络传输系统的链路出现故障时，如通信线路的短路、断路以及线路物理性质引起的通信信号衰减失真，都会引起多个电控单元无法工作或电控系统错误动作。判断是否为链路故障时，一般采用示波器或汽车专用光纤诊断仪来观察通信数据信号是否与标准通信数据信号相符。

2. 车载网络系统的基本诊断步骤和检测方法

（1）**基本诊断步骤** 通过对以上 3 种车载网络系统故障的分析，可以总结出诊断该系统的一般步骤如下：

1）了解该车型的车载网络传输系统特点（包括传输介质、几种子网及车载网络传输系统的机构形式等）。

2）车载网络传输系统的功能，如有无唤醒功能和休眠功能等。

3）检查汽车电源系统是否存在故障，如交流发电机的输出波形是否正常（若不正常将导致信号干扰故障）等。

4）检查车载网络传输系统的链路是否存在故障，采用替换法或采用跨接法进行检测。

5）如果是节点故障，只能采用替换法进行检测。

（2）双线式车载网络传输系统的检测方法　在检查车载网络传输系统前，需保证所有与车载网络传输系统相连的控制单元无功能故障。功能故障指不会直接影响车载网络传输系统，但会影响某一系统的功能流程的故障。例如传感器损坏，其结果就是传感器信号不能通过车载网络系统传递。这种功能故障对车载网络系统有间接影响，会影响需要该传感器信号的控制单元的通信。如果存在功能故障，应先排除该故障。记下该故障并消除所有控制单元的故障码。排除所有功能故障后，如果控制单元间数据传递仍不正常，检查车载网络系统。检查车载网络系统时，需区分以下两种可能的情况：

1）两个控制单元组成的双线式车载网络传输系统的检测。检测时，关闭点火开关，断开两个控制单元，如图3-44所示。检查车载网络传输系统是否断路、短路或对正极/地短路。如果车载网络传输系统无故障，更换较易拆下（或较便宜）的一个控制单元；如果车载网络传输系统仍不能正常工作，更换另一个控制单元。

2）3个或更多控制单元组成的双线式车载网络传输系统的检测。检测时，先读出控制单元内的故障码。如图3-45所示，如果控制单元1与控制单元2及控制单元3之间无通信，则关闭点火开关，断开与车载网络传输系统相连的控制单元，检查车载网络系统是否断路。如果车载网络系统无故障，则更换控制单元1。如果所有控制单元均不能发送和接收信号（故障存储器存储"硬件故障"），则关闭点火开关，断开与车载网络传输系统相连的控制单元，检测车载网络传输系统是否短路，是否对正极/地短路。

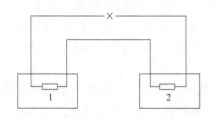

图3-44　两个控制单元组成的双线式车载网络传输系统

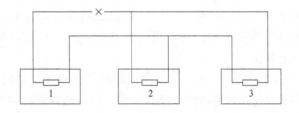

图3-45　3个控制单元组成的双线式车载网络传输系统

3. CAN 数据总线的检测方法

（1）CAN 总线的万用表检测　以宝来轿车为例，其动力传动系统和舒适系统中装有两套 CAN 数据传输系统，系统网关内置于仪表内，负责驱动系统 CAN 总线和舒适系统 CAN 总线的数据交换，如图3-46所示。

用万用表电阻档测量 CAN-High 线和 CAN-Low 线之间的电阻，正常情况应符合规定值（电阻值大小随车型而异），不应直接导通；用万用表电阻档测量 CAN-High 线或 CAN-Low 线分别与搭铁或蓄电池正极之间的导通情况，正常情况下应不导通。

CAN 总线可以采用万用表进行电压信号测试，判断数据总线的信号传输是否存在故障，

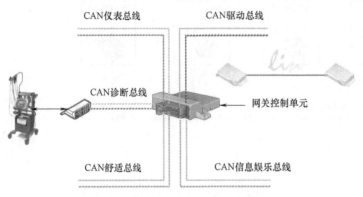

图 3-46 宝来轿车 CAN 数据传输结构

检测方法如图 3-47 所示。

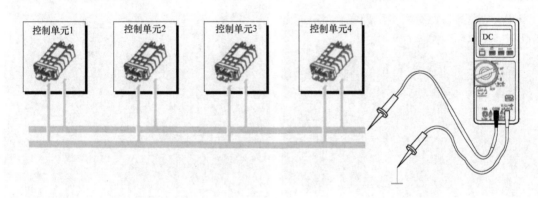

图 3-47 用万用表检测 CAN 总线

1）用万用表检测驱动系统 CAN 总线。CAN-High 线上有信号传输时，总线上的电压值在 2.5~3.5V 高频波动，因此 CAN-High 线的主体电压应是 2.5V，万用表的测量值为 2.5~3.5V，大于 2.5V 且靠近 2.5V。

同理，CAN-Low 线信号在总线空闲时的电压约为 2.5V，总线上有信号传输时，总线上的电压值在 1.5~2.5V 高频波动，因此 CAN-Low 线的主体电压应是 2.5V，万用表的测量值为 1.5~2.5V，小于 2.5V 且靠近 2.5V。

2）用万用表测量舒适系统 CAN 总线。CAN-High 线信号在总线空闲时的电压约为 0V，总线上有信号传输时，总线上的电压值在 0~5V 高频波动，因此 CAN-High 线的主体电压应为 0V，万用表的测量值为 0.35V 左右。同理，CAN-Low 线信号在总线空闲时的电压约为 5V，总线上有信号传输时，总线上的电压值在 0~5V 高频波动，因此 CAN-Low 线的主体电压应是 5V，万用表的测量值为 4.65V 左右。

（2）CAN 总线的波形检测 由于 CAN 信号变化非常快，必须使用数字存储式示波器（DSO）存储并在显示屏上观察 CAN 信号，以此来评价 CAN 总线的状况。

1）CAN 总线标准波形和睡眠模式。检测电路连接如图 3-48 所示。CAN 总线的标准波形和睡眠模式如图 3-49 所示。

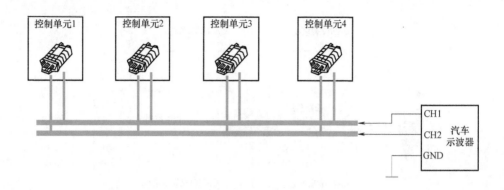

图 3-48　双通道模式检测电路连接

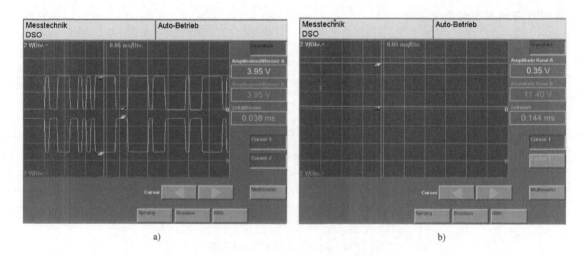

图 3-49　CAN 总线的标准波形和睡眠模式

a）标准波形　b）睡眠模式

2）CAN 总线故障波形。CAN 总线典型故障及波形如图 3-50～图 3-55 所示。

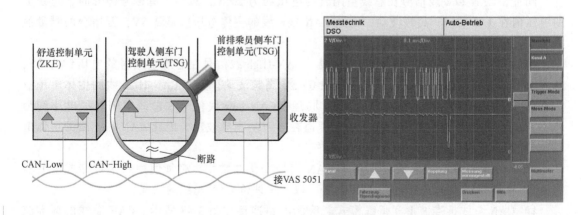

图 3-50　CAN-Low 断路

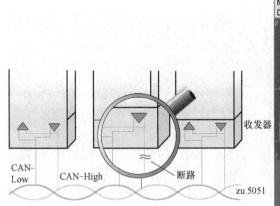

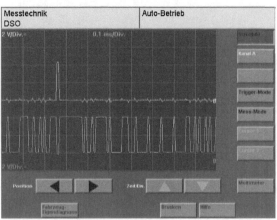

图 3-51　CAN-High 断路

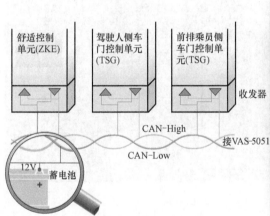

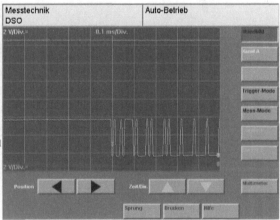

图 3-52　CAN-Low 与正极短接

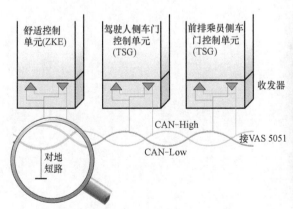

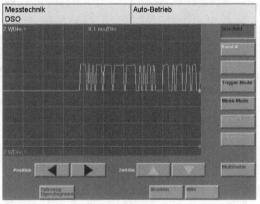

图 3-53　CAN-Low 与地短接

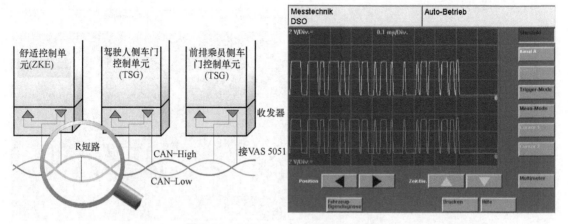

图 3-54　CAN-Low 与 CAN-High 短接

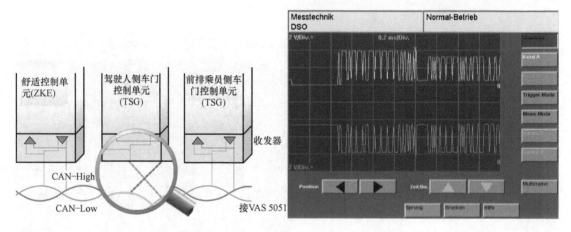

图 3-55　CAN-Low 与 CAN-High 交叉连接

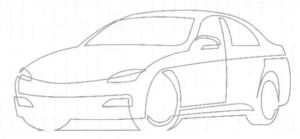

模块四

汽车电动车窗与天窗系统

任务一　认知汽车电动车窗

一、任务引入

电动车窗的玻璃升降机能自动升、降车窗玻璃。

电动车窗系统通过开关操作开闭车窗。当电动车窗开关操作时，电动车窗电动机旋转，车窗调节器把电动车窗电动机的旋转运动转换成上下运动来关闭或打开车窗。

二、任务目标

1）了解电动车窗的结构。

2）掌握防夹电动车窗的工作原理。

3）引导学生养成认真负责的工作态度。

三、相关知识

1．电动车窗的结构

一般汽车电动车窗系统的组成部件有电动车窗电动机、电动车窗主控开关（由电动车窗开关和车窗锁止开关组成）、电动车窗开关、点火开关、门控开关（驾驶人侧）等，其在车上的布置如图4-1所示。电动车窗的结构如图4-2所示。

有些汽车上的电动车窗由电动机直接作用于升降机，有些则是通过驱动机构作用于升降机，从而把电动机的转动变成车窗玻璃的上下移动。

（1）车窗升降机　车窗升降机是调整车窗玻璃开度大小的专用部件，按传动机构的结构不同可分为齿扇式、齿条式和绳轮式等。

1）齿扇式升降机。齿扇式升降机的结构如图4-3所示。双向直流电动机带动蜗杆减速器，改变方向后驱动齿扇，从而使车窗玻璃上下移动。齿扇上连有螺旋弹簧，当车窗玻璃上升时，弹簧展开，放出能量，以减轻电动机负荷；当车窗玻璃下降时，弹簧压缩，吸收能量，从而使车窗玻璃无论上升还是下降，电动机的负荷基本相同。

2）齿条式升降机。齿条式升降机使用柔性齿条和小齿轮，车窗玻璃连在齿条的一端，电动机带动轴端小齿轮转动，使齿条移动带动车窗玻璃升降，其结构如图4-4所示。

3）绳轮式升降机。绳轮式升降机如图4-5所示。双向直流电动机前端安装有减速机构，其上安装一个绕有拉索的绳轮，车窗玻璃卡座固定在拉索上且可在滑动支架上移动。

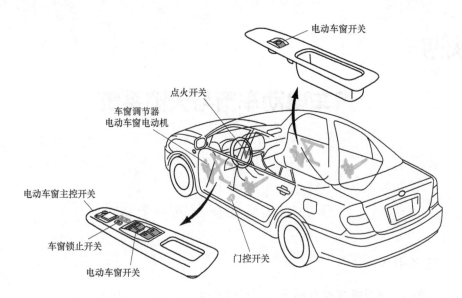

图 4-1 电动车窗系统在车上的布置

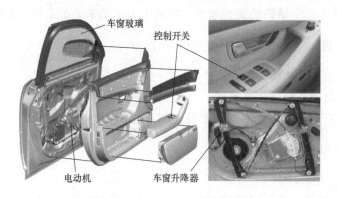

图 4-2 电动车窗的结构

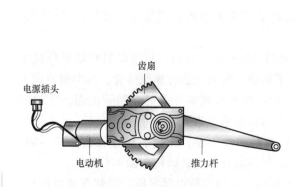

图 4-3 齿扇式升降机的结构

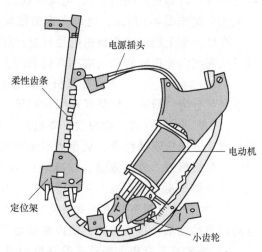

图 4-4 齿条式升降机的结构

（2）车窗电动机 车窗电动机有永磁式和双绕组串励式两种 ［另外，按电动机是否直接搭铁分为电动机不直接搭铁（外搭铁）式和电动机直接搭铁（内搭铁）式两种］。这两类电动机都是通过改变电流方向来实现正、反转，以控制车窗玻璃的上升或下降的。

1）双绕组串励式直流电动机。当电动车窗装用双绕组串励式直流电动机时，均采用电动机直接搭铁的控制电路方式，即电动机的一端直接搭铁（即内搭铁），如图4-6所示。

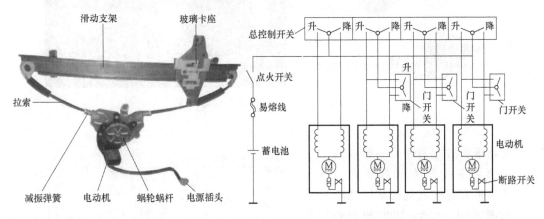

图 4-5 绳轮式升降机的结构　　　　图 4-6 双绕组串励式直流电动机控制电路（内搭铁）

双绕组串励式直流电动机有两个绕向相反的磁场绕组，一个称为"上升"绕组，一个称为"下降"绕组。在给不同的绕组通电时会产生方向相反的磁场，电动机的旋转方向也就不同，从而实现车窗玻璃的上升或下降。

电动车窗通常装用双金属片式断路器，其作用是当电动机超载，电路中电流过大时（例如按下车窗开关，使车窗玻璃下降后，开关因故不弹起复位时，电路中电流就会增大），双金属片因电流过大导致温度上升，产生翘曲变形，断路器触点断开，电流被切断。电流消失后，双金属片冷却，断路器触点再次闭合。如此周期动作，使车窗电动机不因过热而损坏。有的汽车设有车窗玻璃升降终点的限位开关，当车窗玻璃到达终点时会压住限位开关，电流被切断，从而起到保护电动机的作用。

2）永磁式直流电动机。现代汽车电动玻璃升降机广泛采用永磁式直流电动机，如图4-7所示。随着电子控制技术的发展，电动车窗系统都采用电子控制。图4-8所示为带车门控制器（单元）的车窗电动机。电动机的减速装置由蜗轮蜗杆组成，其轴端设有蜗轮蜗杆机构作

图 4-7 永磁式直流电动机

为一级减速，由蜗轮轴上的小齿轮驱动升降机的扇形齿轮进行二级减速，进一步带动升降臂。为了防止负载过大或控制开关失灵而烧毁电动机，电动机内部设置有断路器。当电动车窗装用永磁式直流电动机时，均采用电动机不直接搭铁（即外搭铁）的控制电路方式，即电动机的搭铁受开关控制，通过改变电动机的电流方向来改变电动机的旋转方向，从而实现车窗玻璃的上升或下降，其控制电路如图4-9所示。

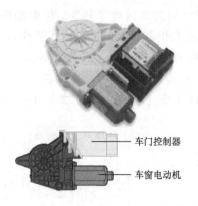

车门控制器

车窗电动机

图 4-8 带车门控制器的车窗电动机

（3）电动车窗控制开关

电动车窗的控制开关一般有两套。一套为主控开关（总开关），装在仪表板或驾驶人侧的车门扶手上，如图 4-10a 所示，以方便驾驶人操作，这样驾驶人可以控制每个车窗玻璃的升降。在主控开关上装有车窗锁止开关，按下该开关后，乘员侧车窗的分开关被锁止。此时，乘员不能通过分开关操控车窗玻璃的升降，其作用是防止儿童意外打开或关闭乘员侧车窗。另一套为分控开关（分开关），如图 4-10b 所示。此套开关分别安装在每个车门扶手附近，以供乘员对各个车窗进行升降控制（注：仅能操控各自的乘员侧车窗玻璃）。

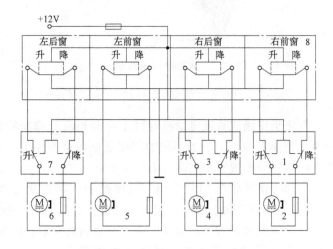

图 4-9 外搭铁式车窗永磁直流电动机的控制电路

1—右前车窗开关 2—右前车窗 3—右后车窗开关
4—右后车窗 5—左前车窗 6—左后车窗
7—左后车窗开关 8—驾驶人侧主控开关

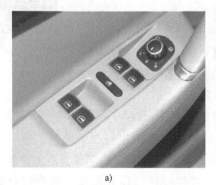

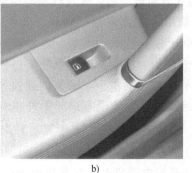

a)   b)

图 4-10 电动车窗主控开关和分控开关

a）主控开关 b）分控开关

电动车窗的控制开关除了用主控开关和分控开关操控车窗玻璃的升降外，一般还具有以下功能：

1）在电动车窗电路或电动机内装有一个或多个热敏开关（又称为断路保护器），当车窗玻璃到达关闭的终端时，因阻力变大，电动机电流也变大，断路保护器会自动切断电路，使电动机停止运转。

2）有的电动车窗装有延迟开关，可以保证在点火开关断开后 1min 内或在打开车门以前，仍有电源提供，使驾驶人和乘员不必再次点火就可关闭车窗。

3）有些电动车窗具有熄火自动关闭的功能。当点火开关转回到"OFF"位置或拔出点火开关钥匙后，若车窗处于非关闭状态，具有此功能的车窗会马上自动关闭。

2. 防夹电动车窗的原理

在电动车窗正常上升过程中，当在任意位置有物体被夹住时，控制器会立即停止上升动作，并自动返回到下死点，然后立即断电停机，以释放被夹物，保护司乘人员的安全（特别是 6 岁以下的儿童）。

防夹电动玻璃升降机是在原电动玻璃升降机的基础上增加电动车窗 ECU（电子模块）及传感器等构成的，其基本原理是：当车窗玻璃上升到一定距离（一般为 120～220mm）时，进入防夹区，在防夹区内，如果车窗玻璃遇到一定的外来阻力，车窗玻璃就会停止上升并立即下降 120mm，如图 4-11a 所示（下降距离由汽车制造厂家确定）；如果车窗玻璃没有遇到外来阻力，则继续上升。

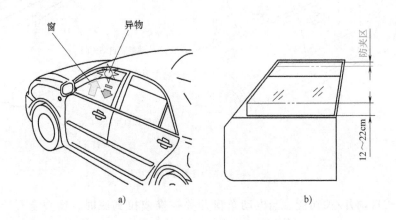

图 4-11　防夹保护功能

防夹电动车窗的结构如图 4-12 所示。在关闭车窗的过程中，驱动机构中的电动车窗 ECU 及霍尔传感器（脉冲发生器）时刻检测电动机的转速。当霍尔传感器检测到电动机的转速有变化时，就会向 ECU 传输信号，ECU 接收信号后向继电器发出指令，使电动机停转或反转，车窗玻璃随之停止上升或开始下降。

3. 电动车窗的新功能

电动车窗的新功能如图 4-13 所示。

1）手动开/关的功能。当电动车窗开关被推或拉到一半时，窗户打开或关闭直至开关被松开。

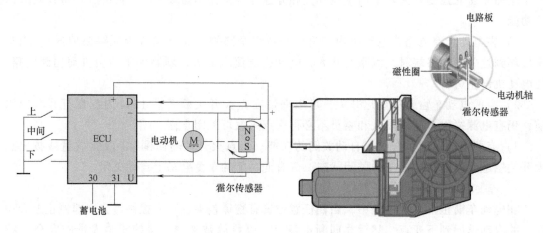

图 4-12 防夹电动车窗的结构

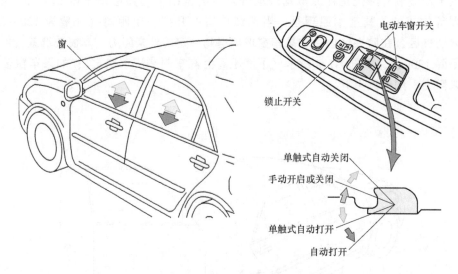

图 4-13 电动车窗的新功能

2）单触式自动开/关功能。当电动车窗开关被推或拉到底时，窗户全开或全关。有些车型只有自动打开的功能，有些车型只有驾驶人侧车窗有自动开关功能。

3）车窗锁止功能。当车窗锁止开关打开时，除驾驶人侧车窗外，所有车窗打开和关闭功能失效。

4）无钥匙电动车窗功能。如图 4-14 所示，如果驾驶人侧车门不打开，在点火开关置于"ACC"或"LOCK"位置后大约 45s 的时间内，此功能允许电动车窗系统的操作。

5）电动机热敏保护。为避免车窗升降电动机过热，每个电动机都有热敏保护装置，电动机运行时间在一个计数器内累加，计数器的初始值由环境温度确定。如果计数器超过了一个设定的阈值，就不能再接受新的操作功能，但正在进行的移动仍可继续进行；如果电动机关闭了计数器数值，会重新减小阈值，当减小到小于设定的阈值后，就又能接受操作要求了。

6) 负荷中断。为保护蓄电池，在起动发动机时车窗升降机不能操作，每个正在进行的动作（如打开或点动自动功能）会立即结束，车窗升降机停止运行。起动过程结束后，车窗可完全恢复功能。

7) 低压断电。供电电压在本地车门模块内被监控，如果供电电压小于9V，车窗升降机将闭锁，每个正在进行的动作将中断。

8) 便捷开启/关闭功能。便捷功能用于上车前或下车后能够关闭或打开所有车窗，借助于无线遥控钥匙或通过钥匙在驾驶人侧车门锁上的机械操作，可以触发便捷开启/关闭功能。每个车窗按后部车窗升降机、前部车窗升降机的顺序依次关闭。

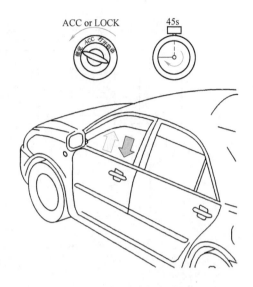

图 4-14　无钥匙电动车窗功能

任务二　认知汽车电动车窗的工作原理

一、任务引入

电动车窗的控制电路中，一般都设有由驾驶人操作的主控开关（总开关）和每一个车窗的独立操作开关（分控开关），每个车窗的操作开关可由乘员自己操作。有些汽车的主控开关备有安全锁止开关，可以切断其他各车窗的电源，这个开关只能由驾驶人操作。

二、任务目标

1) 掌握电动车窗的基本原理。
2) 掌握桑塔纳电动车窗的工作原理。
3) 引导学生养成认真负责的工作态度。

三、相关知识

1. 电动车窗的基本原理

下面以电动机不直接搭铁（外搭铁）的电动车窗系统为例，说明由驾驶人和乘员分别操作，使右前车窗上升和下降的工作过程。

1) 当驾驶人操作主控开关让右前车窗开关处在"下"的位置时，电动机转动，右前车窗向下运动，其电流方向如图 4-15 中箭头所示。

2) 当驾驶人操作主控开关让右前车窗开关处在"上"的位置时，电动机转动，右前车窗向上运动，其电流方向如图 4-16 中箭头所示。

3) 当乘员操作右前车窗的分控开关使其处在"下"的位置时，电动机转动，右前车窗

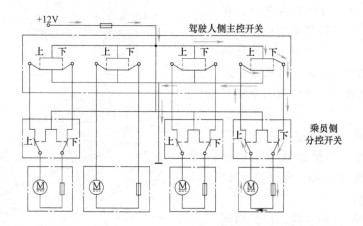

图 4-15　驾驶人控制右前车窗下降时的电流流向

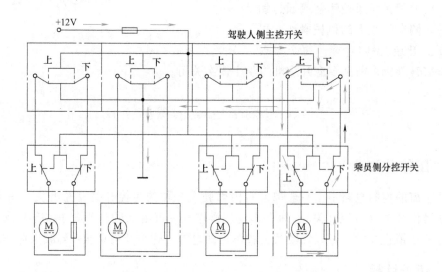

图 4-16　驾驶人控制右前车窗上升时的电流流向

向下运动，其电流方向如图 4-17 中箭头所示。

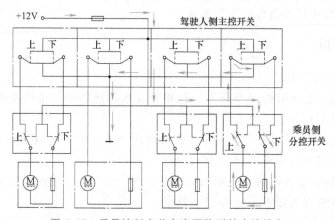

图 4-17　乘员控制右前车窗下降时的电流流向

4）当乘员操作右前车窗的分控开关使其处在"上"的位置时，电动机转动，右前车窗向上运动，其电流方向如图4-18中箭头所示。

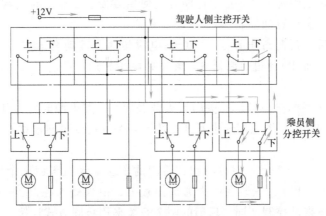

图 4-18　乘员控制右前车窗上升时的电流流向

2. 电动车窗的工作实例

现以桑塔纳 2000 轿车的电动车窗为例，说明电动车窗的工作原理。

桑塔纳 2000 型轿车采用的电动车窗装置由翘板按键开关、传动机构、升降机及电动机组成，控制电路如图4-19所示。按键开关 E_{39}、E_{40}、E_{41}、E_{52} 和 E_{54} 被安置在中央通道面板上的开关盘上。其中，E_{39} 为安全开关，可以使后车窗开关 E_{53} 和 E_{55} 不起作用；E_{40}、E_{41}、E_{52} 和 E_{54} 分别为左前、右前和左后、右后车窗玻璃升降开关。为使左后和右后车窗玻璃能独立地升降，在两后门上分别设置了 E_{53} 和 E_{55} 两个按键开关。V_{14}、V_{15}、V_{26} 和 V_{27}

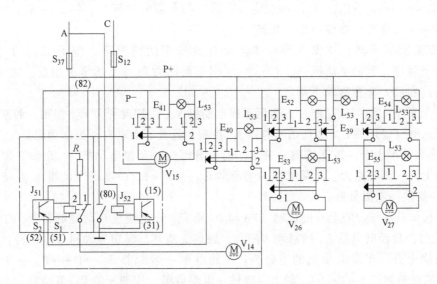

图 4-19　桑塔纳 2000 轿车电动车窗控制电路

S_1、S_2、S_{12}、S_{37}—熔丝　E_{39}—安全开关　E_{40}、E_{41}—右前、左前电动摇窗机开关　E_{52}、E_{53}—左后
电动摇窗机开关　E_{54}、E_{55}—右后电动摇窗机开关　L_{53}—电动摇窗机开关照明灯
J_{51}—电动摇窗机自动继电器　J_{52}—电动摇窗机延时继电器　V_{14}—左前电动摇窗机电动机
V_{15}—右前电动摇窗机电动机　V_{26}—左后电动摇窗机电动机　V_{27}—右后电动摇窗机电动机

分别是左前、右前、左后、右后车窗电动机，电动机为永磁直流电动机，正常工作电流为4~15A，电动机内带有过载断路保护器，以免电动机超载烧坏。延时继电器 J_{52} 保证在点火开关断开后，使车窗电路延时约50s后再断开，使用方便、安全。自动继电器 J_{51} 用于控制左前门车窗电动机，实现点动控制。

接通点火开关后，延时继电器 J_{52} 与C路电源相通，其动合触点闭合，按键开关内的P-通过该触点搭铁，而P+通过熔断器 S_{37} 与A路电源相通，此时，按动按键开关便可使车窗电动机转动。

（1）发动机熄火后的延时控制　关闭点火开关后，C路电源断电，延时继电器 J_{52} 由A路电源供电，延时50s后，继电器触点断开，按键开关的搭铁电路被切断，所有按键开关失去控制作用。

（2）后车窗电动机的控制　左后门和右后门的车窗电动机各由两个按键开关 E_{52} 、 E_{53} 和 E_{54} 、 E_{55} 控制， E_{52} 和 E_{54} 安装在中央通道面板上，由驾驶人控制， E_{53} 和 E_{55} 分别安装在两后门上，由后座乘员控制。同一后门的两个开关采用级联方式连接，当两个开关被同时按下时没有控制作用，只有当某一开关被按下时，才有控制作用。在安全开关 E_{39} 被按下的情况下， E_{39} 的动断触点断开，切断了后车门上按键开关 E_{53} 和 E_{55} 的电源，使其失去对各自车窗电动机的控制。因而，起到了保护乘员安全的作用。

1）车窗玻璃上升。在安全开关 E_{39} 没有被按下的情况下，将 E_{52} （ E_{54} ）置上升位，车窗电动机 V_{26} （ V_{27} ）正转，带动左后（右后）车窗玻璃上升。其电路为：A路电源→熔断器 S_{37} →P+→ E_{52} （ E_{54} ）→ E_{53} （ E_{55} ）→左后（右后）门车窗电动机 V_{26} （ V_{27} ）→ E_{53} （ E_{55} ）→ E_{52} （ E_{54} ）→P-→ J_{52} 触点→搭铁→电源负极。如果按下左后（右后）车门上 E_{53} （ E_{55} ）的上升键位，车窗电动机 V_{26} （ V_{27} ）同样可带动车窗玻璃上升，此时其电路为：A路电源→熔断器 S_{37} →P+→ E_{39} → E_{53} （ E_{55} ）→左后（右后）门车窗电动机 V_{26} （ V_{27} ）→ E_{53} （ E_{55} ）→ E_{52} （ E_{54} ）→P-→ J_{52} 触点→搭铁→电源负极。

2）车窗玻璃下降。在安全开关 E_{39} 没有被按下的情况下，按下 E_{52} （ E_{54} ）或 E_{53} （ E_{55} ）的下降位，车窗电动机 V_{26} （ V_{27} ）电枢电流的方向与上述情况相反，电动机反转，带动左后（右后）车窗玻璃下降。

（3）前车窗电动机的控制　右前门车窗电动机 V_{15} 由按键开关 E_{41} 控制，而左前门车窗电动机 V_{14} 由按键开关 E_{40} 和自动继电器 J_{51} 控制，且具有点动自动控制功能。

1）车窗玻璃上升。按下按键开关 E_{41} 的上升键时，车窗电动机 V_{15} 正转，带动右前门车窗玻璃上升，其电路为：A路电源→熔断器 S_{37} →P+→ E_{41} →车窗电动机 V_{15} → E_{41} →P-→ J_{52} 触点→搭铁→电源负极。

按下按键开关 E_{40} 的上升键位时，P+和P-经 E_{40} 分别接至自动继电器 J_{51} 的输入端 S_2 和 S_1 ，此时，自动继电器 J_{51} 的触点1闭合，触点2断开，车窗电动机 V_{14} 正转，带动左前门车窗玻璃上升，车窗电动机的电路为：A路电源→熔断器 S_{37} →P+→ E_{40} →车窗电动机 V_{14} → J_{51} 的动断触点1→P-→ J_{52} 触点→搭铁→电源负极。按键开关 E_{40} 复位时，上述电路被切断，电动机 V_{14} 停转。

2）车窗玻璃下降。按下按键开关 E_{41} 的下降键时，车窗电动机 V_{15} 反转，带动右前门车窗玻璃下降，其电流通路与上升时相反。

按下按键开关 E_{40} 的下降键时，P+和P-经 E_{40} 分别接至自动继电器 J_{51} 的输入端 S_1 和

S_2，此时，自动继电器 J_{51} 的触点 2 闭合，触点 1 断开。车窗电动机 V_{14} 的电路为：A 路电源→熔断器 S_{37}→P+→取样电阻 R→J_{51} 的触点 2→V_{14}→E_{40}→P−→J_{52} 触点→搭铁→电源负极，流过电动机 V_{14} 的电流方向与上升时相反，电动机反转，带动车窗玻璃下降。将手抬起时 E_{40} 复位，J_{51} 的触点也复位（触点 2 断开，触点 1 闭合），切断了上述电路，电动机停转。

3）点动自动控制。当按下按键开关 E_{40} 下降键的时间≤300ms 时，自动继电器 J_{51} 判断为点动自动下降操作，于是继电器动作，使触点 2 闭合。流过车窗电动机 V_{14} 的电流方向与正常下降操作时相同，电动机反转，车窗玻璃下降。如果在下降期间 E_{40} 的上升键不被按下，继电器 J_{51} 的触点 2 将一直处于闭合状态，直至玻璃下降到底，电动机 V_{14} 停转，此时，电枢电流将增大。当电流增至约 9A 时，取样电阻 R 上的电压使继电器 J_{51} 动作，触点 2 断开，自动切断车窗电动机的通电回路，电动机停转。如果在下降期间，按下按键开关 E_{40} 的上升键，继电器 J_{51} 将判断为下降操作结束，触点 2 断开，车窗电动机 V_{14} 停转。这样，通过对按键开关 E_{40} 进行点动控制就可以使左前车窗玻璃停止在任意位置。

任务三　汽车电动车窗故障的检修

一、任务引入

汽车电动车窗系统故障大多是车窗玻璃不动作。遇此类故障时，应先检查点火开关闭合后电动车窗总开关端子上的蓄电池电压是否正常。如果不正常，应重点检查主电源继电器是否损坏，POWER 熔丝是否熔断，连接线是否良好。

二、任务目标

1）掌握电动车窗常见故障的检修方法。
2）掌握北京现代汽车电动车窗的检修方法。
3）培养学生以爱国主义为核心的民族精神。

三、相关知识

1. 电动车窗常见故障的检修

电动车窗常见的故障有：所有车窗玻璃升降功能均失效；某一车窗玻璃升降功能失效；某一车窗玻璃只能向一个方向运动；车窗升降机工作时阻力大、发卡；升降机不工作，但电动机运转正常和某车窗玻璃升降时出现异常响声等。其具体检修方法如下：

1）所有车窗玻璃升降功能均失效。导致此故障的原因可能是：组合开关接地线脱开，总电源线断裂、脱开，车窗继电器触点接触不良、损坏或线圈损坏，安全开关接触不良或未接通等（指被安全开关控制的车窗控制功能失效）。

检修方法：检修此类故障时，应先检查电源线与接地线是否断开，检查车窗继电器是否故障等。

2）某一车窗玻璃升降功能失效。导致此故障的原因可能是：控制该车窗的开关、电动

机、升降机等损坏或电路断路。

检修方法：先操作相应的组合开关（或分控开关），若车窗玻璃升降正常，则说明分控开关（或组合开关）损坏。若车窗玻璃仍不动作，则可能是相应的电动机、升降机或相应的电路有故障。

3）某一车窗玻璃只能向一个方向运动。导致此故障的原因可能是：开关触点接触不良、控制导线或车窗升降机不良等。

检修方法：先操作相应的组合开关（或分控开关），若车窗玻璃升降正常，则说明分控开关（或组合开关）触点有接触不良现象。若车窗玻璃仍只能向一个方向运动，则应检查分控开关到组合开关之间的控制电路是否断路，车窗升降机是否有故障。

4）车窗升降机工作时阻力大、发卡。导致此故障的原因可能是：导轨凹槽部位有异物；导轨变形或损坏；钢丝绳磨损打滑或损坏，电动机局部损坏，驱动功率不足等。

检修方法：对导轨凹槽内的异物进行清理，修理或更换损坏的零部件。

5）升降机不工作，但电动机运转正常。导致此故障的原因可能是：钢丝绳断开，滑动支架断裂或支架内的传动钢丝夹铆接点松动等。

检修方法：对于断开的钢丝绳，只能更换新钢丝绳；对于松动的传动钢丝夹，要将其拆下来重新对其接点进行铆接。

6）车窗升降机升降车窗玻璃时出现异常响声。导致此故障的原因是：卷丝筒内钢丝绳出现了跳槽，滑动支架内的传动钢丝夹转动，电动机盖板或固定架与车窗玻璃碰擦，机械系统异物过多等。

检修方法：先对车窗升降机进行清洗、调整，看故障是否排除（主要是调整升降机的安装螺钉以及卷丝筒内钢丝绳的位置），然后检查安装支架的弧度是否正确。

2. 北京现代电动车窗的检修

北京现代索纳塔轿车电动车窗电路如图 4-20 所示。

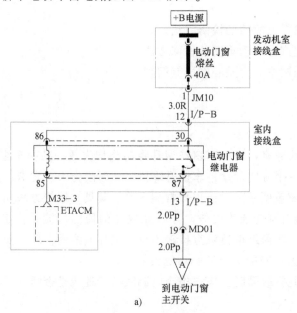

a)

图 4-20　北京现代索纳塔轿车电动车窗电路

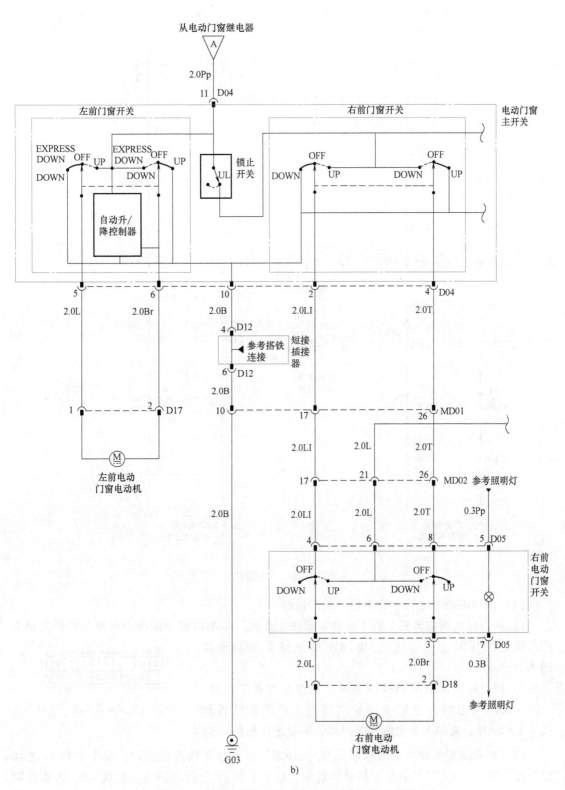

图 4-20　北京现代索纳塔轿车电动车窗电路（续）

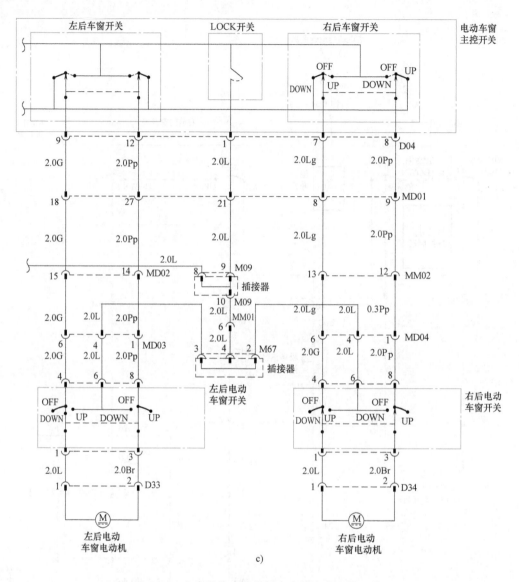

c)

图 4-20 北京现代索纳塔轿车电动车窗电路（续）

（1）索纳塔轿车电动车窗主控开关的检修

1）从驾驶人侧装饰板上拆下电动车窗主控开关（索纳塔轿车的电动车窗主控开关和中控门锁主控开关是一体的）。电动车窗主控开关端子如图 4-21 所示。

2）用万用表的电阻档检查主控开关在车窗处于上升、下降和关闭状态时各个端子的导通情况。若测得结果和表 4-1 不相符，说明车窗主控开关损坏，需要进行更换。

| 1 | 2 | 3 | ⊠ | 4 | 5 | 6 |
| 7 | 8 | 9 | 10 | 11 | 12 | 13 | 14 |

图 4-21 电动车窗主控开关端子

（2）电动车窗闭锁开关的检修 当"LOCK"开关位于断开位置时，端子 1 和 11 之间应断路；当"LOCK"开关位于接通位置时，端子 1 和 11 之间应导通，见表 4-2。否则说明开关损坏，应该进行更换。

表 4-1　电动车窗主控开关的检查

位置	左前				右前				左后				右后			
	5	6	10	11	2	4	10	11	9	10	11	12	7	8	10	11
上升	○	○	○	○	○	○	○	○	○	○	○			○	○	○
关闭	○	○	○	○	○	○	○	○	○	○	○	○	○	○	○	○
下降	○		○	○	○	○	○	○	○	○	○			○	○	○

表 4-2　电动车窗闭锁开关的检查

位置	端子	
	1	11
正常	○	○
锁住		

（3）电动车窗继电器的检修　索纳塔轿车电动车窗继电器的端子检查如图 4-22 所示。

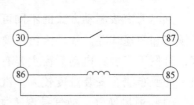

图 4-22　车窗继电器的端子检查

1）静态检查。将万用表置于 R×1 档，测量端子 85 和 86 之间是否导通。若不导通，说明线圈烧坏，应进行更换。测量端子 30 和 87 之间是否断路，若导通，说明开关触点烧蚀或常闭，应进行更换。

2）工作状况检查。用蓄电池的正、负极分别接端子 85 和 86，然后用万用表测量端子 30 和 87 之间是否导通，若不导通，应更换。

（4）电动车窗分控开关及车窗电动机的检查

1）电动车窗分控开关工作情况的检查。用万用表的电阻档检查分控开关在车窗处于上升、下降和关闭状态时各个端子的导通情况（表 4-3）。

表 4-3　电动车窗分控开关工作情况的检查

位置	端子				
	1	3	4	6	8
上升	○			○	
关闭		○	○		○
下降		○		○	○

2）车窗电动机的检测。车窗电动机检查的基本思路：把蓄电池的正、负极分别接在车窗电动机的两个端子上并互换一次，电动机应能够正转、反转，且转速平稳为正常。否则，说明电动机有故障，应进行更换。

注意：在进行车窗电动机的测试时，若电动机停止转动，要立刻断开端子引线，否则会烧坏电动机。

任务四　认知电动天窗

一、任务引入

汽车天窗已有 100 多年的历史，已成为汽车文化的一部分。安装汽车天窗能够有效地使车内空气流通，增加新鲜空气进入，提升汽车内部环境的舒适性。

二、任务目标

1）了解电动天窗的作用。
2）掌握电动天窗的功能。
3）掌握电动天窗的结构。
4）培养学生团结协作的精神和诚实守信的科学态度。

三、相关知识

1. 电动天窗的作用

汽车天窗按驱动方式的不同可分为手动式和电动式；按开启方向的不同可分为内藏式、外倾式和敞篷式等。手动天窗主要有外倾式和敞篷式，此类天窗结构比较简单、价格比较便宜，且便于安装；电动天窗主要有内藏式、外倾式，此类天窗档次较高，价格较贵，安装时由于需要布线，安装难度较大。汽车天窗有如下作用：

（1）通风换气　换气是汽车加装天窗最主要的目的。天窗是利用负压换气的原理，依靠汽车在行驶时气流在车顶快速流动形成负压，将车内污浊的空气抽出。由于不是直接进风，而是将污浊的空气抽出，以及从进气口补充新鲜空气的方式进行通风换气，车内气流极其柔和，没有风直接刮在身上的不适感觉，也不会有尘土卷入。

（2）节能　夏日里汽车在阳光下暴晒，车内温度可高达 60℃，这时打开天窗比开空调降温速度快很多，也可节约能耗 30% 左右。

（3）除雾　春夏两季雨水多、湿度大，前风窗玻璃常有雾气，车内空气也容易污浊，这时打开天窗至后翘通风位置，雾气会很快消失且无雨水进入车内，给开车增加了舒适与安全。

（4）开阔视野　天窗可以使视野开阔，并且能够亲近自然和沐浴阳光，驱除被封在车厢内的压抑感。当独自长时间驾车在高速公路上行驶时，风噪声会使人心烦意乱，侧窗风吹在身上也不太舒服，这时可以打开天窗享受一下自然，而且没有噪声的干扰。

（5）提升汽车的档次　安装天窗可以使汽车变得更美观、更舒适。

2. 汽车电动天窗的功能

打开点火开关后，天窗通过旋转开关来开闭，或者通过推、拉开关来倾斜和关闭。在关闭点火开关后，天窗仍然可以开闭。

（1）自动关闭功能　当关闭点火开关大约 4s 后，天窗会自动关闭。在天窗完全关闭前按动按钮（任何方向），此功能会被取消，天窗玻璃会停留在开启位置上。如果想关闭天窗，无须打开点火开关，只需按动关闭按钮（开关前部）即可，操作方式可以是手动的或

全自动的。

（2）防夹功能 天窗在全自动关闭过程中遇到障碍物时会自动返回，直到障碍物消除再关闭。在点火开关关闭后，天窗的自动关闭过程中此项功能依然有效。

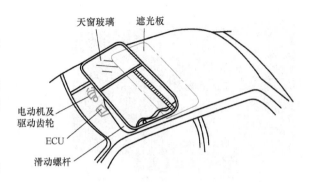

3. 电动天窗的结构

电动天窗主要由滑动机构、驱动机构、开关和控制系统等组成，如图4-23所示。

（1）滑动机构 电动天窗滑动机构主要由导向块、导向销、连杆、托架和前后枕座等组成。

（2）驱动机构 电动天窗驱动机构主要由电动机、传动机构和滑动螺杆等组成。

1）电动机。电动机通过传动装置为天窗的开闭提供动力。电动机能双向转动，即通过改变电流的方向来改变电动机的旋转方向，实现天窗的开闭。

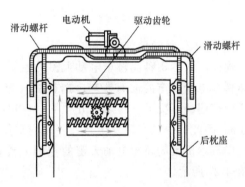

图4-23 电动天窗的组成

2）传动机构。传动机构主要由蜗杆传动机构、中间齿轮传动机构（主动中间齿轮、过渡中间齿轮）和驱动齿轮等组成。齿轮传动机构接受电动机的动力，改变旋转方向，并减速增矩后将动力传给滑动螺杆，使天窗实现开闭；同时将动力传给凸轮，使凸轮顶动限位开关进行开闭。主动中间齿轮与蜗轮固装在同一根轴上，并与蜗轮同步转动；过渡中间齿轮与驱动齿轮固装在同一根输出轴上，被主动中间齿轮驱动，使驱动齿轮带动天窗玻璃开闭。

（3）控制系统 控制单元（ECU）是一个数字电路，设有定时器、蜂鸣器和继电器等，其作用是接收开关输入的信息，通过数字电路进行逻辑运算，确定继电器的动作，控制天窗的开闭。

（4）开关 电动天窗的开关由控制开关和限位开关组成。

1）控制开关。如图4-24所示，控制开关主要包括滑动开关和斜升开关。滑动开关有滑动打开、滑动关闭和断开（中间位置）3个档位。斜升开关有斜升、斜降和断开（中间位置）3个档位。通过操作这些开关，可使天窗驱动机构的电动机实现正、反转，使天窗实现不同状态。

2）限位开关。限位开关（又称行程开关）主要用来检测天窗所处的位置。限位开关是靠凸轮转动来实现断开和闭合的，如图4-25所示，凸轮安装在驱动机构的动力输出端。当电动机将动力输出时，通过驱动齿轮和滑动螺杆减速以后带动凸轮转动，于是凸轮周缘的突起部位顶动限位开关使其开闭，以实现对天窗的自动控制。

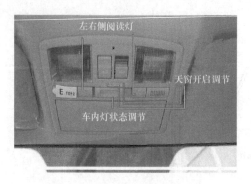

图 4-24　电动天窗的控制开关

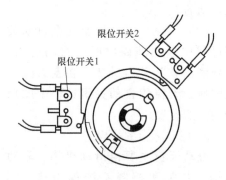

图 4-25　电动天窗的限位开关

4. 电动天窗控制电路分析

现以广汽本田雅阁轿车电动天窗的控制电路为例，分析电动天窗的工作过程。广汽本田雅阁轿车电动天窗的玻璃具有遮挡视线（避免由外向内看）和前后倾斜的功能。在没有打开任何车门的情况下，将点火开关从"ON"位置旋转至关闭位置时，电动天窗仍可工作约10min。因此，一旦车辆发生意外，车内乘员能有更多的途径脱离危险。

广汽本田雅阁轿车电动天窗的控制元件在车上的安装位置如图4-26所示，其控制电路如图 4-27 所示。

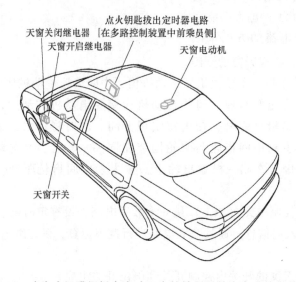

图 4-26　广汽本田雅阁轿车电动天窗的控制元件在车上的安装位置

广汽本田雅阁轿车电动天窗的控制方式为开关配合继电器控制天窗电动机，通过改变天窗电动机的工作电流方向，实现天窗电动机的正、反转，从而分别完成天窗的开启、关闭和倾斜功能。

1）关闭天窗的延时工作电路。控制电路：多路控制装置（点火开关关闭定时电路）→电动车窗继电器的电磁线圈→G581 搭铁→蓄电池负极。主电路：蓄电池正极→No.41（100A）熔丝→No.51（40A）熔丝→电动车窗继电器的触点→No.7（20A）熔丝→天窗开启继电器的电磁线圈。

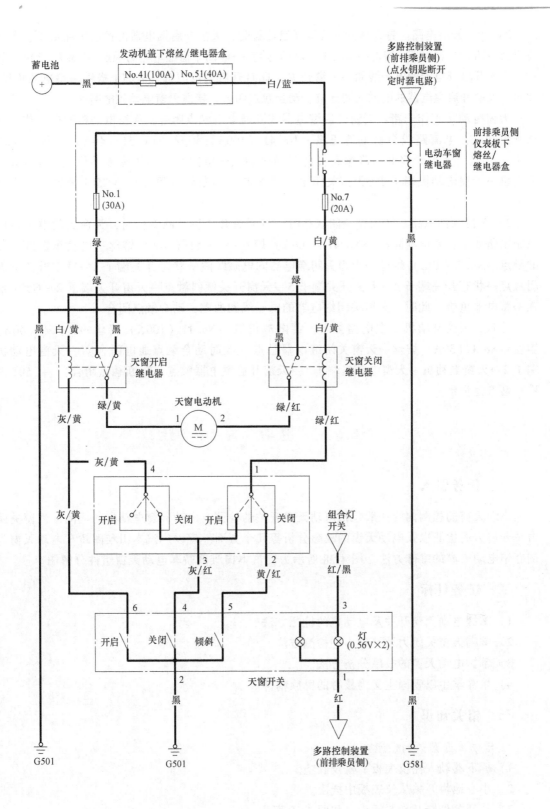

图 4-27　广汽本田雅阁轿车电动天窗的控制电路

2）天窗开启电路。将天窗开关拨至开启位置时，天窗开启继电器的控制电路如下：蓄电池正极→No.41（100A）熔丝→No.51（40A）熔丝→电动车窗继电器的触点→No.7（20A）熔丝→天窗开启继电器的电磁线圈→天窗开关（此时开启触点闭合）→G501搭铁→蓄电池负极。此时，天窗开启继电器的电磁线圈通电，动合触点闭合，接通天窗电动机电路。

天窗电动机工作电路：天窗开启继电器线圈通电后触点闭合，天窗电动机通电工作，带动开窗开启，电流路线为蓄电池正极→No.41（100A）熔丝→No.51（40A）熔丝→No.1（30A）熔丝→天窗开启继电器触点（此时动合触点通电闭合）→天窗电动机端子1→天窗电动机→天窗电动机端子2→天窗关闭继电器触点（动断触点闭合）→G501搭铁→蓄电池负极。

3）天窗倾斜电路。在天窗关闭状态时，将天窗开关拨至倾斜档时，天窗关闭继电器的控制电路如下：蓄电池正极→No.41（100A）熔丝→No.51（40A）熔丝→电动车窗继电器的触点→No.7（20A）熔丝→天窗关闭继电器的电磁线圈→状态开关端子1→状态开关的关闭触点→状态开关端子2→天窗开关端子5→天窗开关倾斜触点→天窗开关端子2→G501搭铁→蓄电池负极。此时，天窗关闭继电器的电磁线圈通电，动合触点闭合。

此时，天窗电动机的主电路如下：蓄电池正极→No.41（100A）熔丝→No.51（40A）熔丝→No.1（30A）熔丝→天窗关闭继电器触点（此时动合触点通电闭合）→天窗电动机端子2→天窗电动机→天窗电动机端子1→天窗开启继电器触点（动断触点闭合）→G501搭铁→蓄电池负极。

任务五　电动天窗的维修

一、任务引入

电动天窗的检测内容一般包括电动天窗开关的检测，电动天窗电动机的检测，天窗关闭力及开启力的检测以及电动天窗的故障分析等几个方面。现以广汽本田雅阁轿车电动天窗为例介绍电动天窗的维修方法。图4-28所示为广汽本田雅阁轿车电动天窗组件分解图。

二、任务目标

1）掌握电动天窗开关及电动机的检测方法。
2）掌握天窗关闭力及开启力的检测方法。
3）掌握电动天窗的故障分析方法。
4）培养学生以爱国主义为核心的民族精神。

三、相关知识

1. 电动天窗开关的检测

1）拆下驾驶人侧仪表板下盖及膝垫。
2）小心地将开关从仪表板中撬出。
3）从开关处断开6芯插头，如图4-29所示。
4）按照表4-4所列，检查天窗开关处于不同位置时其各端子之间的导通情况。

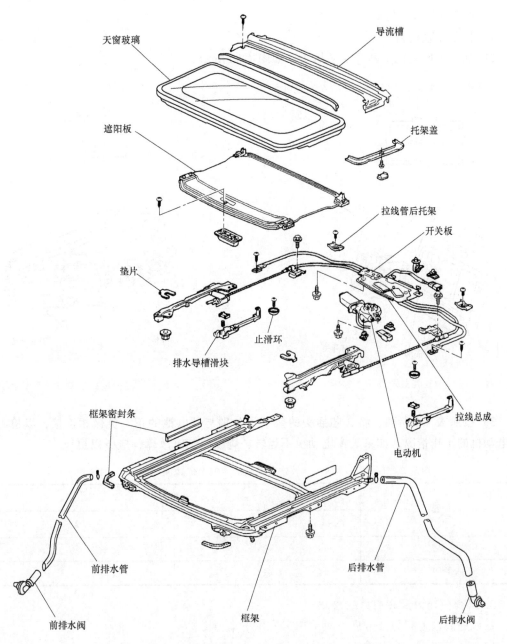

图 4-28 广汽本田雅阁轿车电动天窗组件分解图

表 4-4 天窗开关处于不同位置时其各端子之间的导通情况

位置	端子						
	1		3	2	4	5	6
关闭		⊗		○——○			
倾斜	○——	⊗	——○	○——○		○——○	
开启		⊗		○——○			——○

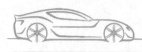
2. 天窗电动机的检测

1）拆下车顶内衬。

2）从天窗电动机上断开 2 芯插头，如图 4-30 所示。

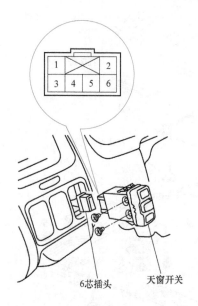

图 4-29　天窗开关及其 6 芯插头

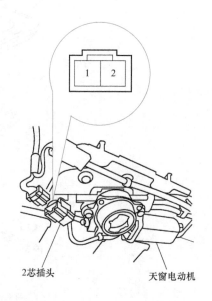

图 4-30　天窗电动机及其 2 芯插头

3）按照表 4-5 所列，将 2 芯插头的两端子分别与蓄电池的正、负极相连接，以检测天窗电动机的工作情况。如果天窗电动机不运转，则说明其有故障，应予以更换。

表 4-5　天窗电动机工作情况的检测

位置	端子	
	1	2
开启	⊕	⊖
关闭	⊖	⊕

3. 天窗关闭力及开启力的检测

在检查天窗关闭力及开启力时，应事先拆下车顶内衬。

（1）天窗关闭力的检测

1）如图 4-31 所示，将一块维修用布放在打开的天窗玻璃前边缘，在维修用布上挂一只弹簧秤。

2）让助手按下天窗开关使天窗关闭。当天窗玻璃受弹簧秤拉动而停止移动（天窗关闭力等于弹簧秤弹力）时，读出弹簧秤的读数，然后迅速松开天窗开关和弹簧秤。天窗的关闭力应为 200～290N。如果天窗关闭力不在规定的范围内，则需拆下天窗电动机，并检查以下内容：

① 天窗电动机齿轮和内部拉索是否破裂或损坏。

② 天窗电动机工作是否正常，运转是否平顺。

（2）天窗开启力的检测

1）使用天窗开关前，先将天窗玻璃打开少许，然后按图4-31所示在天窗玻璃前边缘垫放维修用布，并固定好弹簧秤。

2）用手拉动弹簧秤，观察天窗玻璃被弹簧秤拉开所需的开启力。天窗的开启力应≤40N。如果所测的开启力超过40N，则应检查以下内容：

① 天窗玻璃导块与滑块之间是否有异物阻滞。

② 天窗玻璃导块与其框架之间是否间隙过小。

4. 电动天窗的故障分析

电动天窗的常见故障及其故障分析见表4-6。

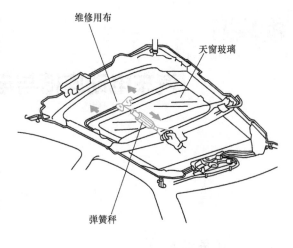

图4-31　天窗开启力和关闭力的检测

表4-6　电动天窗的常见故障及其故障分析

常见故障	故障分析
天窗漏水	1）天窗排水管堵塞 2）排水管密封条与车体顶板之间有间隙 3）天窗玻璃密封条与车体顶板之间有间隙 4）天窗玻璃密封条安装不当
风声	天窗玻璃密封条和车体顶板之间的间隙过大
天窗电动机噪声	1）天窗电动机的安装松动 2）天窗拉索总成变形 3）天窗齿轮与轴承磨损
天窗电动机能运转，但天窗玻璃不能移动	1）天窗的导块与滑块之间有异物阻滞 2）天窗内部拉索的安装不正确、松动 3）天窗齿轮的安装不正确
天窗电动机不能运转，天窗玻璃不能移动，但使用天窗扳手能使天窗玻璃移动	1）前排乘员侧仪表板下的熔丝/继电器盒中的1号（30A）熔丝熔断 2）天窗开关有故障 3）天窗开启/关闭和倾斜/关闭开关不正常 4）蓄电池电压不正常 5）天窗电动机有故障 6）天窗开启继电器有故障

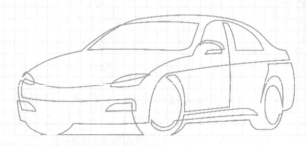

模块五

汽车电动座椅与电动后视镜系统

任务一　认知汽车电动座椅

一、任务引入

电动座椅利用电动机的动力，通过操纵控制开关来调整座椅的高低、前后位置和靠背的倾斜度，以适应不同体形的驾驶人与乘员的乘坐舒适性要求。驾驶人通过按键操纵，既可以将座椅调整到最佳的位置上，以获得最好的视野，得到易于操纵转向盘、脚踏板、变速杆等操纵件的位置，还可以获得舒适和最习惯的乘坐角度。电动座椅与普通座椅的主要区别是调整装置及其调整功能不同，如图5-1所示。

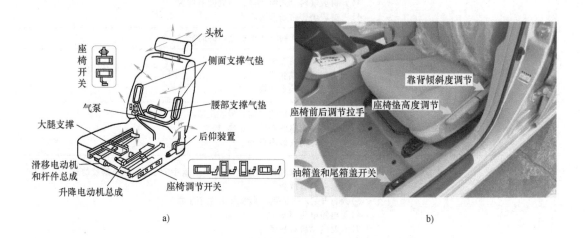

a)　　　　　　　　　　　　　　　　　　b)

图 5-1　电动座椅与普通座椅的区别

a）电动座椅　b）普通座椅

二、任务目标

1）了解电动座椅的类型。

2）掌握普通电动座椅的结构。

3）培养学生做事先做人，做人先立德的精神。

三、相关知识

1. 电动座椅的类型

（1）根据使用电动机的数量分类　根据使用电动机的数量不同，电动座椅可分为单电动机式、双电动机式、三电动机式和四电动机式等。

1）单电动机式。单电动机式只能对电动座椅的前、后两个方向进行调整。

2）双电动机式。双电动机式可以对电动座椅的4个方向进行调整，即不仅前、后两个方向的位置可以移动，其高、低也可以进行自动调整。

3）三电动机式。三电动机式可以对电动座椅的6个方向进行调整，即不仅能向前、后两个方向移动，还可分别对座椅的前部和后部的高、低进行调整。

4）四电动机式。四电动机式的调整功能除了具有以上三电动机式的调整功能以外，还可对靠背的倾斜度进行调整。

电动座椅装用的电动机最多可达8个，除了保证上述基本运动外，还可对头枕高度、座椅长度和扶手的位置进行调整。

（2）根据有无加热器分类　根据有无加热器，电动座椅可分为无加热器式与有加热器式两种。有加热器式电动座椅可以在冬季寒冷的时候对座椅的坐垫进行加热，以使驾驶人或乘员乘坐更舒适。

（3）根据有无存储功能分类　根据有无存储记忆功能，电动座椅可分为无存储记忆功能和带存储记忆功能两种。

无存储记忆功能的电动座椅由座椅开关、电动机、传动和执行机构以及控制装置等组成，通常称为普通电动座椅。

带存储记忆功能的电动座椅是在普通电动座椅的基础上增加了一套电子控制系统，该电子控制系统能把驾驶人调定的座椅位置靠电控单元存储下来作为以后调节的依据。驾驶人需要对座椅进行调节时，只要按一下按钮即可按记忆自动调节到理想的位置。带存储记忆功能的电动座椅的控制系统主要由座椅开关（图5-2）、座椅位置传感器、电控单元、电动机和座椅传动机构等组成，通常称为自动座椅。

此外，在座椅中还附加了一些特种功能的装置，如在气垫座椅上使用电动气泵，对各个专用气囊（腰椎支撑气囊、侧背支撑气囊、座位前部的大腿支撑气囊）进行充气，起到调节支撑腰椎、侧背、大腿的作用。具有全方位可调节功能的电动座椅如图5-3所示。

图5-2　带有存储记忆功能
的电动座椅的控制系统

2. 普通电动座椅

普通电动座椅由座椅、电动机、控制开关、控制电路、座椅传动机构和调节机构组成，如图5-4所示。

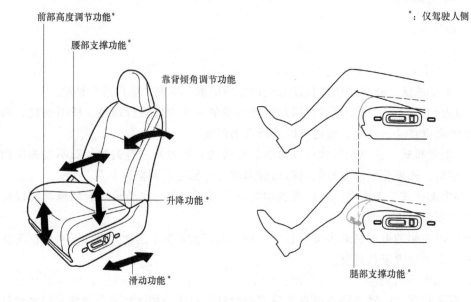

图 5-3　具有全方位可调节功能的电动座椅

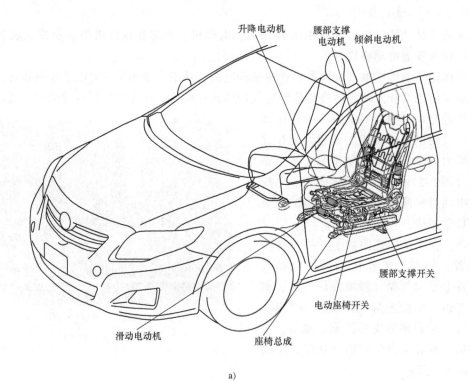

a)

图 5-4　电动座椅的结构

a）在车上的布置

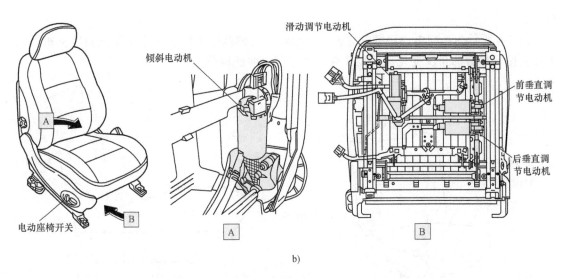

b)

图 5-4 电动座椅的结构（续）

b) 8 向电动座椅的结构

（1）电动机 电动机的作用是为电动座椅的调节机构提供动力，通过传动装置驱动调整机构对座椅进行调整。电动座椅的电动机多采用双向电动机，即电枢的旋转方向随电流的方向改变而改变，使电动机按不同的电流方向进行正转或反转，以达到调节座椅的目的。为防止电动机过载，电动机内装有断路器，以确保电器设备的安全。

电动机的数量取决于电动座椅的类型和功能，如 6 向电动座椅共有 3 个电动机，通过控制开关，控制电动机进行正转或反转，能移动 6 个不同的方向，从而调节汽车座椅的位置，如图 5-5 所示。

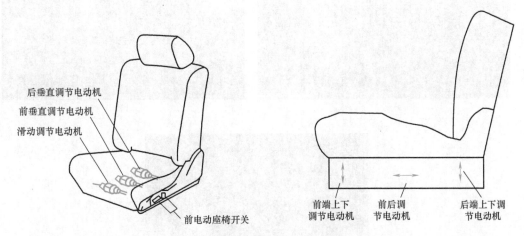

图 5-5 6 向电动座椅的示意图

1）在座椅的下面安装有一个滑动用电动机，用来调节座椅在水平方向的前后移动。

2）在座椅的下面安装有座椅前垂直调节电动机，用来调节座椅前端在垂直方向的上下移动。

3）在座椅的下面安装有座椅后垂直调节电动机，用来调节座椅后端在垂直方向的上下

移动。

图 5-6 所示为 8 向电动座椅。它在 6 向电动座椅的基础上增加一个靠背倾斜电动机，用来控制座椅靠背的角度变化，从而实现 8 个不同方向的调节。

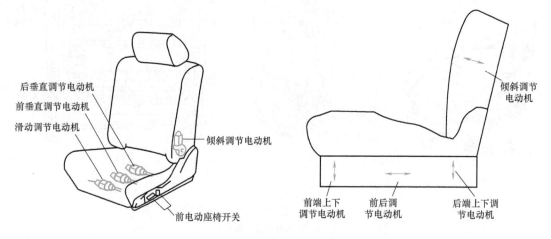

图 5-6　8 向电动座椅的示意图

（2）控制开关　电动座椅的控制开关通常安装在座椅旁边（图 5-7a），有的安装在车门扶手上（图 5-7b）或仪表板上（图 5-7c），以方便驾驶人或乘员操控。

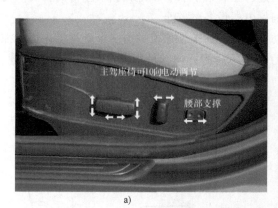

a)

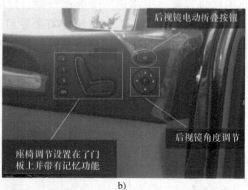

b)

c)

图 5-7　电动座椅控制开关

　　电动座椅控制开关一般都设有前后滑动调节开关、高度垂直调节开关及靠背倾斜调节开关，部分高级轿车的电动座椅还设有腰部支撑调节开关和头枕调节开关等，如图 5-8 所示。各控制开关的功能见表 5-1。

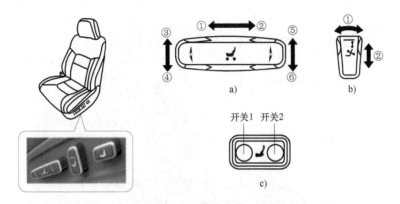

图 5-8　电动座椅的控制开关

a）滑动与垂直调节开关　　b）靠背与头枕调节开关　　c）腰部支撑调节开关

表 5-1　电动座椅控制开关的功能

座椅开关	功能	座椅开关动作	座椅位置
③ ① ② ⑤ ④ ⑥ 滑动与垂直调节开关	开关向①或②方向移动时，座椅就向前或向后移动		
	开关向③或④方向移动时，可调节座椅前端的高度		
	开关向⑤或⑥方向移动时，可调节座椅后端的高度		
① ② 靠背与头枕调节开关	1）开关按①方向转动时，可调节座椅靠背的角度 2）开关按②方向滑动时，可调节头枕的高度（只限带自动调节系统的车辆）		
开关1 开关2 腰部支撑调节开关	1）压下开关 1 可增加腰部的支撑力 2）压下开关 2 可减小腰部的支撑力		

（3）调节机构　调节机构的作用是将电动机的动力传给座椅调节装置，使座椅按驾驶人或乘员的理想位置进行调节。典型电动座椅调节机构的组成如图5-9所示。下面介绍座椅前后调节、高低调节、靠背倾斜角度调节和头枕高度调节机构的原理。

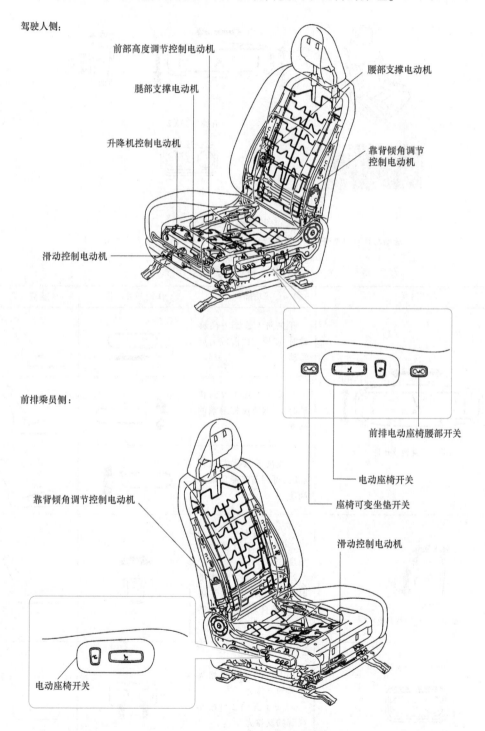

图 5-9　典型电动座椅调节机构的组成

1）座椅前后调节机构。座椅前后调节机构主要由电动机、传动螺杆、蜗杆传动件、齿条、导轨等组成，其中齿条分别安装在左、右两条导轨上。调整时，操控电动座椅的前后调节开关在向前（或向后）位置时，电动机的动力通过传动螺杆传至两侧的蜗轮和齿条，并使齿条沿导轨轴向移动，使座椅向前（或向后）移动，如图 5-10 所示。

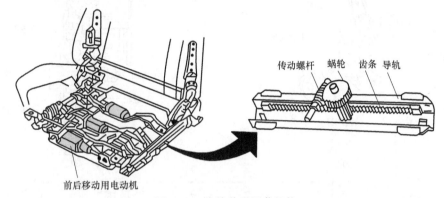

图 5-10 座椅前后调节机构

2）座椅高低调节机构。座椅高低调节机构利用剪式千斤顶原理，使座椅上升或下降，如图 5-11 所示。当操控高低调节开关在升高位置时，电动机正转，依次经外壳、螺杆传动，使塑料螺母按 a 所示的方向沿着螺杆移动；然后，连杆 2 经连杆 1，绕着支点 p 沿 b 方向转动，于是，座椅前端经连杆 3 和支架垂直升高。当操控高低调节开关在下降位置时，电动机反转，座椅向下垂直降低。

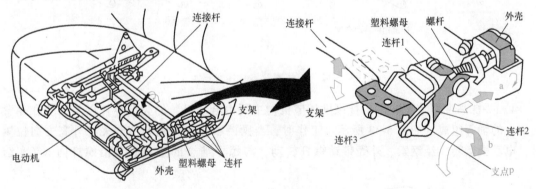

图 5-11 座椅高低调节机构

3）座椅靠背倾斜调节机构。座椅靠背倾斜调节机构主要由铰链销钉、链轮、内齿轮（30 个齿）、外齿轮（29 个齿）、电动机等组成，如图 5-12a、b 所示。靠背调节机构的铰链销钉有一个偏心凸轮，凸轮的中间轴 A 与安装在坐垫侧的外齿轮同轴；铰链销钉的中间轴 B 与安装在座椅靠背侧的链轮同轴，并与内齿轮同轴转动。

靠背调节机构的工作情况如图 5-12c 所示。当操控靠背与头枕调节开关在前倾或后倾位置时，靠背调节电动机运转，并带动链轮转动，安装在链轮上的铰链销钉以同样的转向一起转动。由于外齿轮安装在坐垫侧，因而铰链销钉的中间轴 B 围绕着带偏心凸轮的中间轴 A 旋转。这样，内齿轮就与外齿轮啮合，铰链销钉每转 1 圈，所啮合的齿轮转动 12°。座椅靠背调节的最大角度约为 54°。

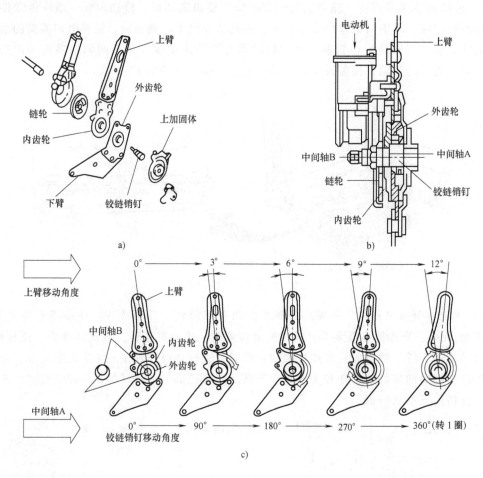

图 5-12　座椅靠背倾斜调节机构

4）头枕高度调节机构。头枕高度调节机构主要由电动机、外壳、螺杆以及固装在靠背框架上的轴等组成，如图 5-13 所示。工作时，当操控靠背与头枕调节开关在升高方向位置时，电动机运转，经钢索、外壳带动螺杆转动，与螺杆啮合的塑料螺母沿螺杆向 a（实箭

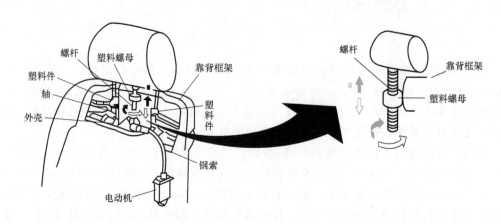

图 5-13　头枕高度调节机构

头）方向移动，使头枕升高；当操控靠背与头枕调节开关在下降方向位置时，其工作过程与上述相反，使头枕降低。

任务二　电动座椅控制电路的检修

一、任务引入

电动座椅控制电路是电动座椅动作的控制部分，电动座椅功能是通过控制电路来实现的。电动座椅控制电路包括无存储功能的控制电路和有存储功能的控制电路。本任务以无存储功能的控制电路为例进行介绍。

二、任务目标

1）掌握雷克萨斯 LS400 轿车电动座椅控制电路的工作过程。

2）掌握电动座椅控制电路的检修方法。

3）培养学生的远大理想，树立中国特色社会主义共同理想，实现个人价值和社会价值的统一。

三、相关知识

1. 雷克萨斯 LS400 轿车电动座椅控制电路

雷克萨斯 LS400 轿车电动座椅的控制电路如图 5-14 所示。驾驶人根据需要操纵开关并接通电动座椅的调节电路，即可完成不同的调节功能。图中的电动座椅开关 12，内部有 4 套开关触头，从右到左分别是后垂直开关 a、倾斜开关 b、前垂直开关 c 和滑动开关 d。

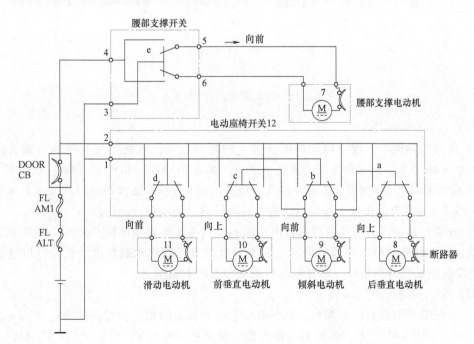

图 5-14　雷克萨斯 LS400 轿车电动座椅的控制电路

（1）电动座椅的前后滑动调节

1）座椅向前滑动调节。按下电动座椅开关上的相应位置，滑动开关 d 中的左触头向左结合，如图 5-15 所示，此时电路为蓄电池正极→熔丝 FL ALT→熔丝 FL AM1→断路器 DOOR CB→座椅开关端子 2→滑动开关 d 左触头→滑动电动机 11→断路器→滑动开关 d 右触头→座椅开关端子 1→蓄电池负极。滑动电动机通电工作，座椅水平向前滑动。

2）座椅向后滑动调节。若需要座椅向后滑动，滑动开关 d 右触头向右闭合，此时流过滑动电动机 11 的电流方向与上述相反，电动机反转，座椅后移。

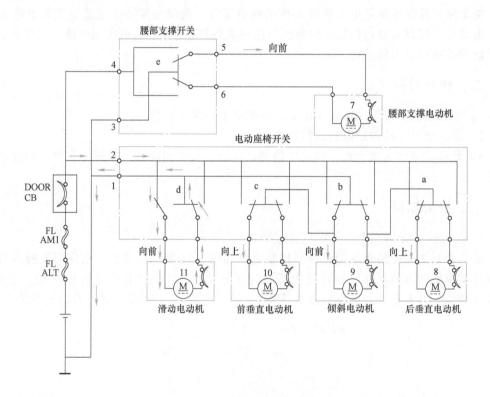

图 5-15　前后滑动调节的控制电路

（2）靠背倾斜的调节

1）座椅前倾调节。按下电动座椅开关上的相应位置，倾斜开关 b 中的左触头向左结合，如图 5-16 所示，此时的电路为蓄电池正极→熔丝 FL ALT→熔丝 FL AM1→断路器 DOOR CB→座椅开关端子 2→倾斜开关 b 左触头→倾斜电动机 9→断路器→倾斜开关 b 右触头→座椅开关端子 1→蓄电池负极。倾斜电动机 9 通电转动，驱动靠背向前倾斜。

2）座椅后倾调节。如果需要靠背向后倾斜，只需要将电动座椅开关向与原来相反的方向扳动，其电流就会与原来的方向相反。由于电动机是双向永磁性电动机，所以电流相反时，电动机的旋转方向相反，靠背就向与原来相反的方向倾斜。

（3）座椅前部的垂直调节

1）座椅前部的垂直向上调节。按下电动座椅开关上的相应位置，前垂直开关 c 左触头向左结合，如图 5-17 所示，此时的电路为蓄电池正极→熔丝 FL ALT→熔丝 FL AM1→断路器 DOOR CB→座椅开关端子 2→前垂直开关 c 左触头→前垂直电动机 10→断路器→前垂直

开关 c 右触头→倾斜开关 b 左触头→座椅开关端子 1→蓄电池负极。此时前垂直电动机 10 通电而转动。电动机的动力通过蜗杆减速机构带动调整机构的螺杆旋转，将座椅架向上托起，座椅的前部向上垂直移动。

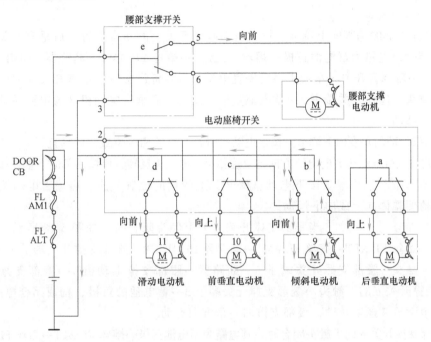

图 5-16 靠背倾斜调节的控制电路

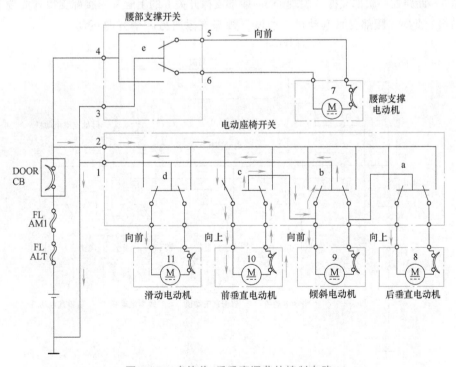

图 5-17 座椅前/后垂直调节的控制电路

2）座椅前部的垂直向下调节。按下电动座椅开关上的相应位置，前垂直开关 c 的右触头向右结合。此时流过电动机 10 的电流方向与上述相反，电动机反转，座椅的前部向下垂直移动。

（4）座椅后部的垂直调节

1）座椅后部的垂直向上调节。按下电动座椅开关上的相应位置，后垂直开关 a 中的左触头向左结合，电路为蓄电池正极→熔丝 FL ALT→熔丝 FL AM1→断路器 DOOR CB→座椅开关端子 2→后垂直开关 a 左触头→后垂直电动机 8→断路器→后垂直开关 a 右触头→倾斜开关 b 右触头→座椅开关端子 1→蓄电池负极。此时，后垂直电动机 8 通电而转动，座椅后部向上垂直移动。

2）座椅后部的垂直向下调节。按下电动座椅开关上的相应位置，后垂直开关 a 的右触头向右结合，此时流过电动机 8 的电流方向与上述相反，电动机反转，座椅后部向下垂直移动。

（5）座椅高度的调节　按下电动座椅开关上的相应位置，前、后垂直电动机同时通电运动，座椅便整体向上或向下运动。

（6）腰部支撑的调节　当腰部支撑开关 e 的上触头闭合时，如图 5-18 所示，电路为蓄电池正极→熔丝 FL ALT→熔丝 FL AM1→断路器 DOOR CB→腰部支撑开关端子 4→腰部支撑开关 e 的上触头→腰部支撑开关端子 5→断路器→腰部支撑电动机 7→腰部支撑开关端子 6→腰部支撑开关 e 的下触头→腰部支撑开关端子 3→蓄电池的负极，构成闭合电路。此时，腰部支撑电动机 7 通电转动，腰部支撑向一个方向运动。

当腰部支撑开关 e 的下触头闭合时，其电路为蓄电池正极→熔丝 FL ALT→熔丝 FL AM1→断路器 DOOR CB→腰部支撑开关端子 4→腰部支撑开关 e 的下触头→腰部支撑开关端子 6→腰部支撑电动机 7→断路器→腰部支撑开关端子 5→腰部支撑开关 e 的上触头→腰部支撑开关端子 3→蓄电池的负极。此时，腰部支撑电动机 7 通电，腰部支撑向另一个方向运动。

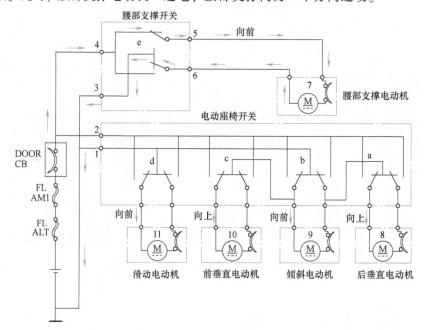

图 5-18　腰部支撑调节的控制电路

2. 电动座椅控制电路的检修

（1）广汽本田雅阁轿车电动座椅检修　广汽本田雅阁轿车8向可调式驾驶人电动座椅电路如图5-19所示。其电动座椅电路分析与图5-14中的电路分析类似，此处不再重复。

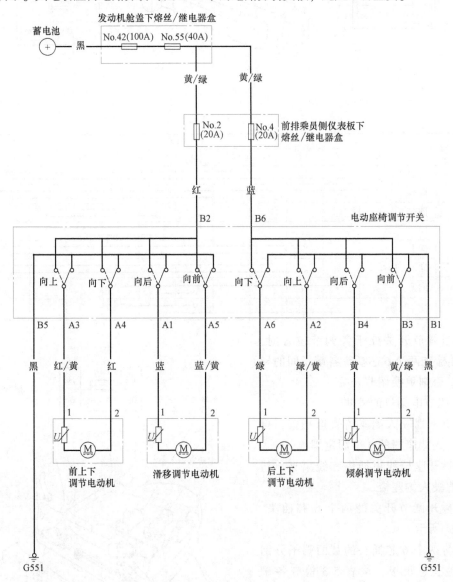

图5-19 广汽本田雅阁轿车电动座椅电路

若电动机运转而座椅不动，首先看是否已到极限位置，然后检查电动机与变速器之间的相关元件是否磨损过大或损坏，必要时应更换。若电动机不工作，应检查电源线及电动机线路是否断路、搭铁是否牢固，然后进行如下元件检测：

1）调节开关的检测。

① 拔出调节开关按钮，然后从驾驶人侧座椅处拆下调节开关罩。

② 拆开调节开关的两个6芯插头，如图5-20所示。拆下该开关的两个固定螺钉，然后从开关罩上拆下调节开关。

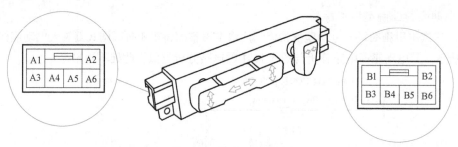

图 5-20　调节开关插头

表 5-2　调节开关的检测

位置		端子											
		A1	A2	A3	A4	A5	A6	B1	B2	B3	B4	B5	B6
滑移调节开关	向前	○				○				○			○
	向后	○				○				○			○
倾斜调节开关	向前							○	○		○	○	
	向后							○	○		○	○	
前端上下调节开关	向上			○	○								
	向下			○	○								
后端上下调节开关	向上		○	○				○			○		
	向下		○	○				○			○		

③ 当调节开关处于各调节位置时，按表 5-2 检查两个 6 芯插头各端子间的导通情况，否则更换调节开关。

2）调节电动机的检测。

① 拆下驾驶人侧座椅轨道端盖，再拆下驾驶人侧座椅的 4 个固定螺栓。

② 拆开座椅线束插头和线束夹，然后拆下驾驶人侧座椅。

③ 拆开调节开关的两个 6 芯插头，如图 5-21 所示。

④ 将两个 6 芯插头的某两端子分别接蓄电池正、负极，按表 5-3 检查各调节电动机的工作情况。

注意：当电动机停止运转时，应立即断开端子与蓄电池的连接。

⑤ 如果某个调节电动机不运转或运转不平稳，则应检查 6 芯插头与该调节电动机的 2 芯插头之间的线束是否有断路或虚接故障。如果线束正常，则应更换调节电动机。

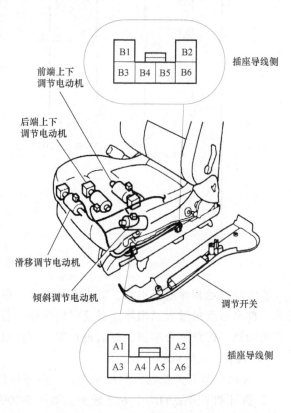

图 5-21　调节电动机的检测示意图

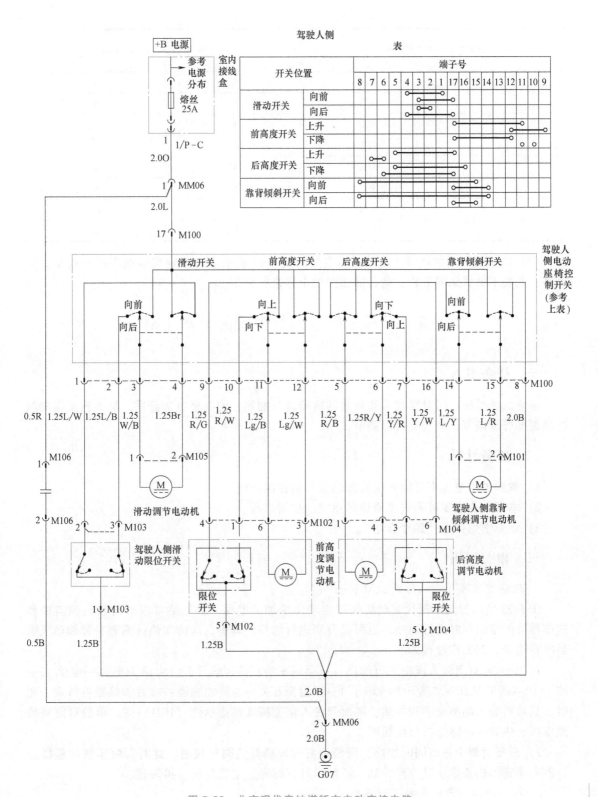

图 5-22　北京现代索纳塔轿车电动座椅电路

表 5-3　调节电动机的检测

调节电动机的工作情况		电源	
		(+)	(−)
前端上下调节电动机	向上	A3	A4
	向下	A4	A3
后端上下调节电动机	向上	A2	A6
	向下	A6	A2
前后调节电动机	向前	A5	A1
	向后	A1	A5
倾斜调节电动机	向前	B3	B4
	向后	B4	B3

（2）北京现代索纳塔轿车电动座椅电路　图 5-22 所示为北京现代索纳塔轿车电动座椅电路，此处不做详细的分析，请按照该图的电路进行分析。

任务三　认知带有加热系统的电动座椅

一、任务引入

座椅加热系统可以对驾驶人和乘员的座椅进行加热，使乘坐更加舒适。有些汽车座椅的加热速度可以调节，有些不可以调节。

二、任务目标

1）掌握加热速度不可调式座椅加热系统的控制过程。
2）掌握加热速度可调式座椅加热系统的控制过程。
3）培养学生树立"四个自信"。

三、相关知识

1. 加热速度不可调式座椅加热系统

图 5-23 所示为北京现代索纳塔轿车电动座椅加热电路。该电路可以对驾驶人侧座椅和前排乘员侧座椅同时进行加热，也可以分别进行加热。其中，座椅加热线圈和靠背加热线圈是串联连接。其工作过程如下：

1）若只需对驾驶人座椅进行加热，只接通左前座椅加热开关。电路为电源→熔丝 15→端子 12→端子 M21→加热开关→端子 4→恒温器开关→座椅加热器→靠背加热器→搭铁。此时，只对驾驶人侧座椅进行加热，同时驾驶人侧座椅加热指示灯（IND）亮。单独对前乘员侧座椅加热时的电路分析与此相同。

2）若要对两个座椅同时加热，则两座椅的加热开关同时接通，此时，两座椅的座椅加热器和靠背加热器串联以后再并联，两指示灯同时亮。电路分析不再赘述。

2. 加热速度可调式座椅加热系统

（1）加热速度可调式座椅加热系统的工作过程　图 5-24 所示为本田雅阁轿车座椅加热

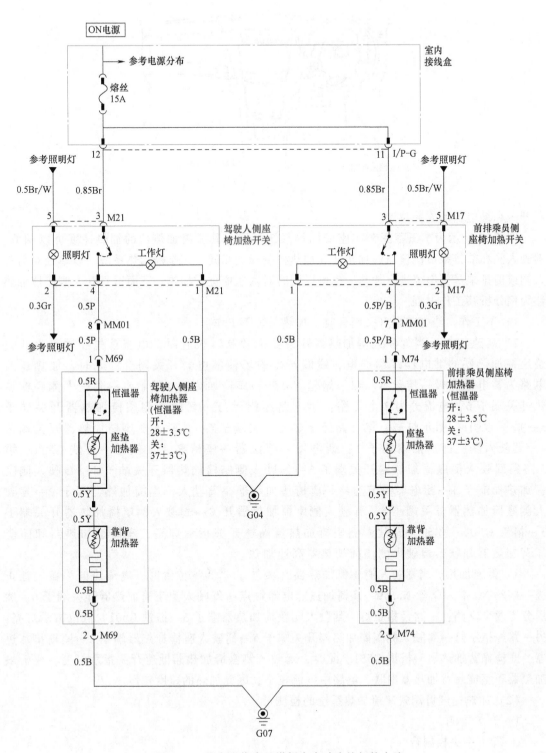

图 5-23 北京现代索纳塔轿车电动座椅加热电路

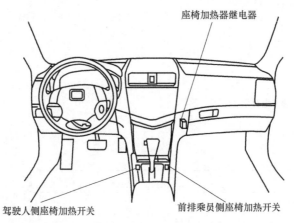

座椅加热器继电器

驾驶人侧座椅加热开关　　　　　　　　前排乘员侧座椅加热开关

图 5-24　本田雅阁轿车座椅加热器开关和继电器的安装位置

器开关和继电器的安装位置。

图 5-25 所示为本田雅阁轿车座椅加热系统电路，其座椅加热器的加热速度可以调节。驾驶人侧和前排乘员侧座椅的加热器和加热控制开关相同。该座椅加热系统可以单独对驾驶人侧或前排乘员侧座椅进行加热，也可以同时对两座椅进行加热。下面以驾驶人侧座椅加热器为例分析其工作过程。

1) 不工作。当加热器开关断开时，加热系统不工作。

2) 高速加热。当驾驶人侧加热器开关处于"高"位置时，电流首先经过点火开关给座椅加热器的继电器线圈通电，线圈产生磁场使继电器开关闭合。此时，加热器的电路为蓄电池正极→熔丝 No.41→熔丝 No.59→座椅加热继电器触点→驾驶人侧座椅加热开关端子 6，电流分为 3 个支路：第 1 路经指示灯→驾驶人侧座椅加热器开关端子 3→搭铁 G501，指示灯亮；第 2 路经加热器开关端子 6→驾驶人侧座椅加热器开关端子 4→驾驶人侧座椅加热器端子 1→断电器→节温器→座椅靠背加热器→搭铁 G551；第 3 路经驾驶人侧座椅加热器开关端子 6→驾驶人侧座椅加热器开关端子 4→驾驶人侧座椅加热器端子 1→断电器→节温器→座椅垫加热器→驾驶人侧座椅加热器端子 2→驾驶人侧座椅加热器开关端子 5→驾驶人侧座椅加热器开关→驾驶人侧座椅加热器开关端子 3→搭铁 G501。此时，驾驶人侧座椅加热器高速开关指示灯亮，座椅垫加热器和座椅靠背加热器并联，驾驶人侧座椅加热器高速加热。

3) 低速加热。当驾驶人侧座椅加热器开关处于"低"位置时，电流流向为蓄电池正极→熔丝 No.41→熔丝 No.59→座椅加热继电器触点→驾驶人侧座椅加热器开关端子 6，然后分为两个支路：一路经指示灯→驾驶人侧座椅加热器端子 3→搭铁 G501，低位指示灯亮；另一路经指示灯→驾驶人侧座椅加热器开关端子 5→驾驶人座椅加热器端子 2→座椅垫加热器→座椅靠背加热器→搭铁 G551。此时，驾驶人侧座椅加热器低速开关指示灯亮，座椅垫加热器和座椅靠背加热器串联，电路中电流较小，因此加热的速度较慢。

（2）加热速度可调式座椅加热系统的检测

1) 开关检测。

① 卸下中央控制台。

② 断开开关的 6 芯插头，然后从控制台托盘处拆下开关，如图 5-26 所示。

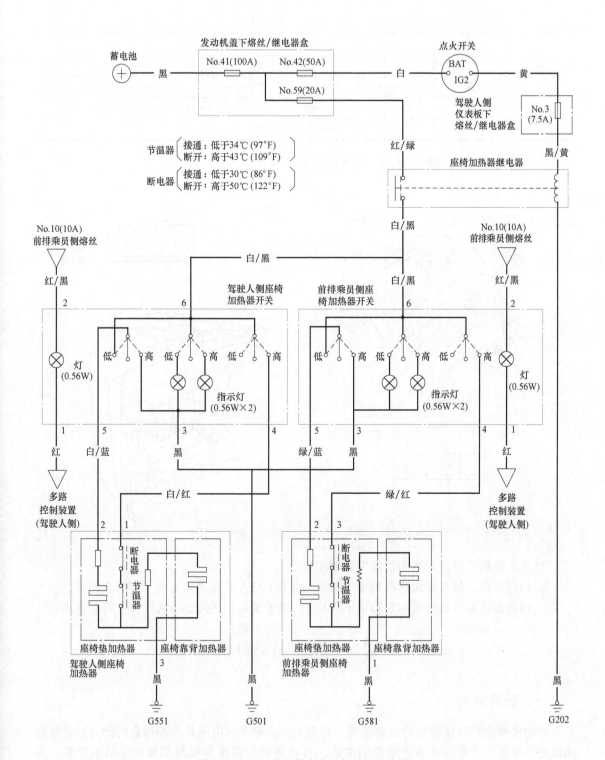

图 5-25 本田雅阁轿车座椅加热系统电路

③ 根据表 5-4，在开关的各个位置处检查各端子之间的导通性。

表 5-4　座椅加热开关各端子的导通性

位　　置		端子					
		1	2	3	6	4	5
接通	高	○—⊗		○	⊗—○	○	○
	低	○—⊗		○	⊗—○	○	○
断开		○—⊗—○					

2）座椅加热器的检测。其端子排列如图 5-27 所示。

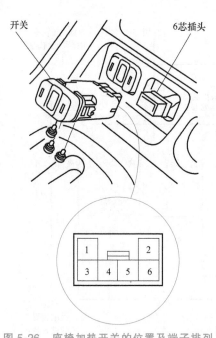

图 5-26　座椅加热开关的位置及端子排列

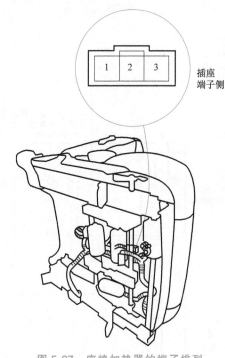

图 5-27　座椅加热器的端子排列

① 小心地拆下驾驶人侧和前排乘员侧座椅。

② 检查驾驶人侧座椅加热器端子 1 与 2、端子 1 与 3 之间的导通性，应符合标准。

③ 检查前排乘员侧座椅加热器端子 3 与 2、端子 3 与 1 之间的导通性，应符合标准。

<h1 align="center">任务四　认知自动座椅</h1>

一、任务引入

　　自动座椅是带存储功能的电动座椅，它是人体工程学与电子技术相结合的产物，它能自动适应不同体形的乘员乘坐舒适性的要求。自动座椅的调整装置除能改变座椅的前后、高低、靠背倾斜及头枕等的位置外，还能存储座椅位置的若干个数据（或信息），只要乘员一按按钮，就能自动调出座椅的各个位置。如果此时不符合存储数据（或信息）的乘员乘坐，

汽车便发出蜂鸣声响信号，以示警告。自动座椅现已在中高档轿车中广泛采用。

二、任务目标

1）了解自动座椅的组成与工作原理。

2）掌握自动座椅的部件结构及作用。

3）掌握别克君威轿车带记忆功能电动座椅控制电路的工作过程。

4）培养学生养成认真负责的工作态度，增强责任担当。

三、相关知识

1. 自动座椅的组成与工作原理

（1）自动座椅的基本组成　自动座椅的基本结构及驱动方式与普通电动座椅相似，不同之处是附加了一套电子控制系统。电子控制系统有两套控制装置：一套是手动的，它包括电动座椅开关、腰垫开关、腰垫电动机以及一组座椅位置调整电动机等，根据需要通过相应的座椅开关和腰垫开关来调整，此套控制方式与普通电动座椅完全相同；另一套是自动的，它包括一组位置传感器、存储和复位开关、ECU 及与手动系统公用的一组座椅位置调整电动机。

此套装置可以根据位置传感器的信号将座椅位置存储起来，以备下次恢复座椅位置时使用。两套装置可由驾驶人根据不同需要，通过操纵存储与复位开关选择使用。

（2）自动座椅的基本工作原理　雷克萨斯 LS400 轿车自动座椅的控制电路如图 5-28 所示，其动作方式有座椅前后滑动调节、座椅前部的上下调节、座椅后部的上下调节、靠背的倾斜调节、头枕的上下调节及腰垫的前后调节等。其中腰垫的前后调节是通过腰垫开关和腰垫电动机直接控制的，并无存储功能。驾驶人通过操纵自动座椅开关可以控制其余的 5 种调整。当座椅位置调好后，按下存储和复位开关，电控装置就把各位置传感器的信号存储起来，以备下次恢复座椅位置时使用。当下次使用时，只要一按位置存储和复位开关，自动座椅 ECU 便驱动座椅电动机将座椅调整到原来位置。控制系统中各装置的功能见表 5-5。

表 5-5　自动座椅控制系统中各装置的功能

装置名称	功　能
ECU	自动座椅 ECU 控制自动座椅的电流通断、存储执行和复位动作。当收到来自自动座椅开关的输入信号后，在 ECU 内部的继电器动作，控制自动座椅运动。座椅的存储和复位由电流驱动的倾斜和伸缩 ECU 以及座椅 ECU 之间的相互联系进行控制
自动座椅开关	该开关接通时向 ECU 输入滑动、前垂直、后垂直、倾斜或头枕位置信号
位置存储和复位开关	通过倾斜和伸缩 ECU 将记忆和复位信号输送给座椅 ECU
腰垫开关	该开关接受来自 DOOR CB 的电源，直接控制腰垫电动机的转向和电流的接通与关断。该开关不接至 ECU，而且调整位置不能存储在复位用的存储器中
位置传感器	该传感器将每个电动机(滑动、前垂直、后垂直、倾斜和头枕)位置信号送至 ECU，用作存储和复位
电动机	这些电动机由来自自动座椅 ECU 或腰垫开关的电流驱动，用来直接驱动座椅的各部分。每个电动机具有内设电路断路器

自动座椅 ECU 通过 A、B、C 3 个插接器与外部相连，如图 5-29 所示，每个端子的名称见表 5-6。

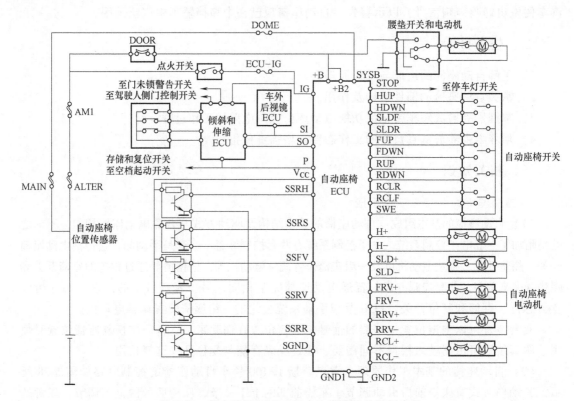

图 5-28　雷克萨斯 LS400 轿车自动座椅的控制电路

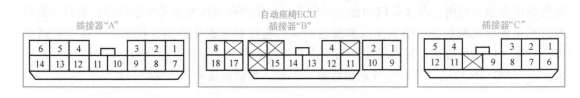

图 5-29　自动座椅 ECU 插接器

表 5-6　自动座椅 ECU 连接端子的名称

编号	代号	端子名称	编号	代号	端子名称	编号	代号	端子名称
A1	GND	搭铁	B2	SYSB	电源	B17	SO	串行通信
A2	H+	头枕电动机(向上)	B3	—	—	B18	SGND	传感器搭铁
A3	SLD+	滑动电动机(向前)	B4	SSRH	头枕传感器	C1	HUP	头枕开关(向上)
A4	FRV+	前垂直电动机(向上)	B5	—	—	C2	SLDE	滑动开关(向前)
A5	RRV+	后垂直电动机(向上)	B6	—	—	C3	RCLR	倾斜开关(向后)
A6	+B	电源	B7	—	—	C4	FUP	前垂直开关(向上)
A7	GND2	搭铁	B8	SI	串行通信	C5	RUP	后垂直开关(向上)
A8	H−	头枕电动机(向下)	B9	P	空档起动开关	C6	SWE	手动开关搭铁
A9	SLD−	滑动电动机(向后)	B10	V$_{CC}$	位置传感器电源	C7	HDWN	头枕开关(向下)
A10	BCL−	倾斜电动机(向下)	B11	IG	点火开关	C8	SLDR	滑动开关(向后)
A11	RCL+	倾斜电动机(向上)	B12	SSRR	倾斜传感器	C9	RCLF	倾斜开关(向前)
A12	FRV−	前垂直电动机(向下)	B13	SSRV	后垂直传感器	C10	—	—
A13	RRV−	后垂直电动机(向下)	B14	SSFV	后垂直传感器	C11	FDWN	前垂直开关(向下)
A14	+B2	电源	B15	SSRS	滑动传感器	C12	RDWN	后垂直开关(向下)
B1	STOP	停车灯	B16	—	—			

2. 自动座椅的部件结构及作用

（1）**转向柱倾斜与伸缩 ECU** 转向柱倾斜与伸缩 ECU 的作用主要是控制自动调节系统的存储器和驾驶姿势。当它从驾驶姿势存储和复位开关中接收到信号，便立即送出存储指令信号或位置信号给电动座椅 ECU 和外后视镜 ECU，转向柱倾斜与伸缩 ECU 还能根据电动座椅 ECU 接收存储结束信号和姿势调节完成信号，并能检查这些信号在两个 ECU 之间的转换是否正确。图 5-30 所示为丰田轿车转向柱倾斜与伸缩控制机构。

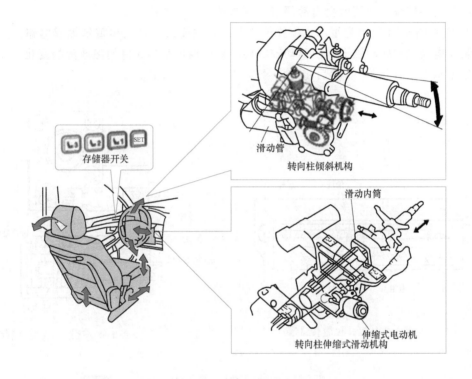

图 5-30 丰田轿车转向柱倾斜与伸缩控制机构

（2）**驾驶姿势存储和复位开关** 驾驶姿势存储和复位开关通常称为记忆开关。操纵该开关，座椅位置即被存储于存储器内（如倾斜与伸缩转向柱、外后视镜、安全带的系紧等）。记忆开关会使电动座椅 ECU 调节两个预选座椅位置中的一个。记忆开关通常安放在驾驶人容易操纵的车门装饰物上。每个座椅调节装置均有一个位置传感器，将各种位置转换成电信号，并送至自动座椅 ECU。图 5-31 所示为雷克萨斯轿车的座椅位置记忆开关。

（3）**位置传感器** 座椅的调节、倾斜与伸缩，转向柱的调节，安全带的系紧，转向盘和车外后视镜位置的移动，都是由自动机驱动的。为了检测这些装置的位置，分别给

图 5-31 雷克萨斯轿车的座椅位置记忆开关

它们设置了位置传感器，其中自动座椅常用的位置传感器主要有滑动电位器式和霍尔式两种。

图 5-32 所示为滑动电位器式位置传感器，它主要由驱动齿轮、螺杆、滑块和电阻等组成。它的作用是将座椅的位置转变成电压信号输送给座椅 ECU 存储起来，其基本原理是调节座椅时，电动机将动力传给螺杆使螺杆转动，螺杆带动滑块在电阻上滑移，于是改变了电阻值，电阻值的变化引起电压的变化。当座椅的位置调定后，将电压输送给座椅 ECU，驾驶人只要按下存储按钮，就能将选定的调节位置进行存储，作为重新调节的基准。使用时，只要按压指定的按键，座椅就会自动调节到预先选定的座椅位置上。

图 5-33 和图 5-34 所示为霍尔式位置传感器，它主要由永磁铁和霍尔集成电路组成。永磁铁安装在电动机的驱动轴上，由驱动轴的旋转引起通过霍尔元件的磁通量的变化，使霍尔元件产生霍尔电压（信号），然后将此信号送往自动座椅 ECU。

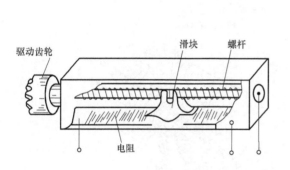

图 5-32　滑动电位器式位置传感器

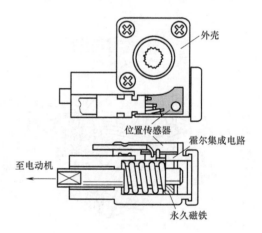

图 5-33　霍尔式滑动、垂直、头枕位置传感器

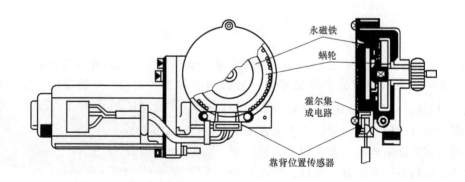

图 5-34　霍尔式靠背位置传感器

丰田雷克萨斯 LS400 轿车自动座椅装用的霍尔式位置传感器，包括靠背位置传感器和滑动、垂直、头枕位置传感器等，各位置传感器在自动座椅上的布置如图 5-35 所示。

（4）座椅 ECU 及其控制　座椅 ECU 主要用来控制靠手动调节的座椅调节装置，也能根据从转向柱倾斜与伸缩 ECU、位置传感器等送来的信号存储座椅位置。由于驾驶人的体形不同且驾驶姿势不同，自动调节系统能在座椅 ECU 中存储 2~3 种座椅位置供驾驶人选择，

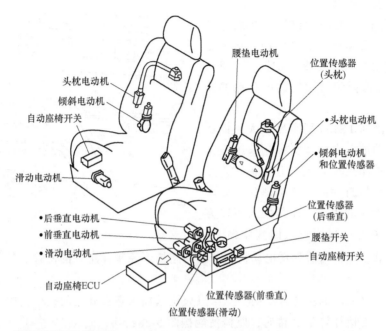

• 根据存储和复位功能动作

图 5-35　丰田雷克萨斯 LS400 轿车自动座椅位置传感器

靠一个"单触"开关的点动，座椅 ECU 即可将座椅调节到驾驶人期望的位置。

1）信息存储方法。接通点火开关（ON），变速杆置于 P 位，并按如下步骤进行操作，即可存储所期望的电动座椅位置：

① 如图 5-36 所示，用手动开关将电动座椅（图 5-36a）、外后视镜（图 5-36b）、倾斜与伸缩转向柱（图 5-36c）调节至最舒适的位置。

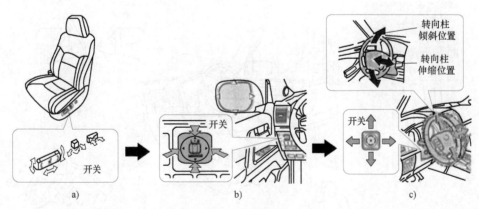

图 5-36　电动座椅、外后视镜、倾斜与伸缩转向柱的调节

a）电动座椅调节　b）外后视镜调节　c）倾斜与伸缩转向柱调节

② 按下记忆开关"SET"按钮的同时，按下按钮"L1""L2""L3"，直至听到蜂鸣声为止，如图 5-37 所示。

③ 这时，所选的按钮（"L1""L2""L3"）已被预设，将存储当前状态的驾驶位置，

之前记录的位置将被覆盖。

2）选择已存储的座椅位置。当点火开关置于"ON"、变速杆处于 P 位时，按下记忆开关按钮"L1""L2"或"L3"（可听到蜂鸣声），即可选择到所期望的已存储的座椅位置。

丰田雷克萨斯 LS400 轿车驾驶人座椅还具有以下实用功能：自动座椅控制系统设定后，当驾驶人关闭点火开关离开座椅时，座椅前后移动电动机自动向后移动座椅，以增大座椅与转向盘间的距离，使驾驶人可以方便地从座椅上离开；当驾驶人回到座椅上，

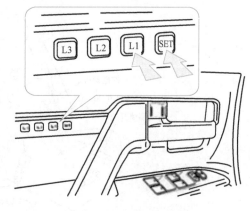

图 5-37　存储记忆操作

打开点火开关后，座椅前后移动电动机向前移动座椅到原来设定好的位置。其具体调节程序如下：

①点火钥匙插入时的位置自动调节。当点火钥匙插入点火开关的钥匙孔内，且将点火开关接通（ON）、变速杆置于 P 位时，座椅便能按图 5-38a、b、c、d、e 中①→②→③→④→⑤→⑥→⑦的顺序自动调节至最舒适的位置。在自动调节位置的控制期间，若操纵任一手动开关，自动调节则被取消。

②点火钥匙拔出时的位置自动调节。当驾驶人关闭点火开关离开座椅时，座椅前后移动电动机自动移动座椅，增大座椅与转向盘间的距离，以方便驾驶人从座椅上离开，其工作过程与点火钥匙插入时基本相同（只是顺序有所不同），座椅位置的自动控制会在驾驶人侧车门被打开和保持打开之后 30s 内停止。

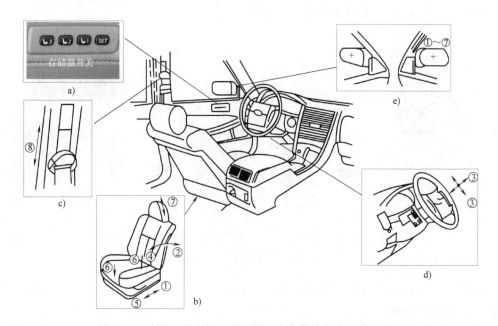

图 5-38　座椅、转向柱、后视镜和安全带的自动调节顺序

任务五 认知电动后视镜

一、任务引入

后视镜作为一个汽车安全功能件，能使驾驶人在座位上直接获取汽车后方、侧方和下方等外部信息。现代汽车后视镜可电动调整镜面视野角度，并可实现防眩目、镜面除霜、转向指示、自动折叠、记忆存储等功能。

二、任务目标

1) 了解电动后视镜的功能。
2) 了解电动后视镜的类型。
3) 培养学生遵守职业道德和职业规范。

三、相关知识

1. 电动后视镜的功能

目前，中、高档汽车上使用较多的是电动后视镜，其功能主要有以下几个方面：

（1）记忆存储功能 每个驾驶人可根据个人身高与驾驶习惯的不同，以及座椅及转向盘的最佳舒适性来调节后视镜的最佳视角，然后进行记忆存储。当其他人驾驶汽车后，或被他人调整已记忆的视角后，由于存储的信息存在，驾驶人可以非常轻松地开启记忆存储功

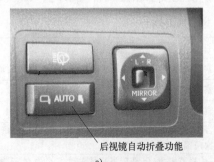
后视镜自动折叠功能
a)

后视镜的折叠功能
b)

c)

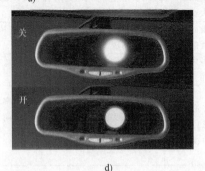
d)

自动防眩目后视镜带有指南针功能
e)

图 5-39 多功能后视镜开关及后视镜
a）丰田雷克萨斯轿车电动后视镜开关 b）奥迪 A8 轿车后视镜开关 c）带加热除霜功能的后视镜开关
d）自动防眩目后视镜 e）带有指南针功能的自动防眩目后视镜

能，使所有内在设施恢复至最佳设定状态。

（2）自动折叠功能（图5-39a、b）　该功能可防擦伤及缩小停车泊位空间，保证在后视安全性上把损害程度降低到最小。有的后视镜设计成电动折叠方式，驾驶人在车内就可方便地进行调节。

（3）加热除霜功能（图5-39c）　有的后视镜增设了加热除霜功能，例如采用了电加热除霜镜片，驾驶人可以开启加热除霜功能，清洁镜面的积雾、冬天积霜和雨水等。

（4）自动调节　当照到内后视镜上的光线太强时，将导致驾驶人的视觉不舒服，此时自动调节的内后视镜将自动翘起，以减弱照到内后视镜上的光线。自动调节的内后视镜镜片内装有两块电池，其中一块用来测定车内光线的强度，另一块用来测定后视镜受光照的强度。若照到内后视镜的光线强度大于车内光线的强度，并且超过设定值，则驱动内后视镜的电磁线圈被励磁，将内后视镜翘起。

（5）自动防眩目（电控变色）（图5-39d）　防眩目后视镜通常作为内后视镜安装在驾驶室中央顶部，其结构通常是在CH液晶里面放置偏光板，玻璃板被放置在经过真空镀铝的反光镜后面。防眩目或非防眩目交替切换不用人工操作，自动进行操作。反光镜本体的一部分装有光电二极管的照度传感器，能检测后方车辆的前照度并可进行切换控制，有的自动防眩目后视镜带有指南针功能，如图5-39e所示。

（6）测距和测速功能　通过具有测距和测速功能的后视镜可看清后面跟随而来的车辆的距离，并估计出其行驶的速度，保证汽车安全行驶。

2. 电动后视镜的类型

后视镜有很多种，其安装位置、形状、功能及操纵方式各有不同。其分类见表5-7。

表5-7　电动后视镜的分类

分类方式	类　型		特　点
按安装位置不同	内后视镜		用于驾驶人观察车内部情况或者透过后门窗观察汽车后方的道路状况
	外后视镜		用于驾驶人观察道路两侧后方情况
	下视镜		用于驾驶人观察车前或车后地面的情况
按镜面形状不同	平面镜		镜面为一平面，用其观察到的物体映像不会失真，可以真实反映车后物体的外形和实际距离。后视范围小，视觉盲区过大
	球面镜		镜面为一球面，后视范围大，但是后视物体映像缩小失真，不能真实反映车后物体大小和实际距离
	双曲率镜		镜面球面部分采用较大的曲率半径，基本上解决了失真和盲区的问题，兼具有前两者的优点，但是其制造工艺复杂，成本昂贵
按防眩目功能不同	普通内后视镜		多为反射膜是铝或银的平面镜，其结构简单、成本低，但无夜间行车时防眩目功能
	防眩目型内后视镜	棱形防眩目内后视镜	镜表面与镜里面反射膜的反射率不同。白天使用里面反射膜来反射光线，反射率为70%~80%；夜间则使用镜表面反射膜，反射率为4%~5%。只需将内后视镜转动一个角度，就可以看见后面的车灯，又可以避免眩目
		平面防眩目内后视镜	由两块平面玻璃组成，一块是透明的表面镜片，另一块是涂上反射膜的内镜片。白天行车时表面镜片与内镜片平行，反射率为80%以上；夜间行车时表面镜片和里面镜片成一定角度形成棱形镜，反射率为4%，从而起到防眩目作用

（续）

分类方式	类　型		特　　点
按防眩目功能不同	防眩目型内后视镜	液晶式防眩目内后视镜	在两块透明平面玻璃之间夹一块液晶片。白天使用时，液晶片的电源不接通，玻璃的透明度大，反射率可达80%以上；夜间使用时，接通液晶片的电源，玻璃透明度下降，反射率降低，从而具有防眩目功能。液晶片的电源开关可以由驾驶人通过按钮控制，也可以用光电元件组成的控制开关根据白天与夜间光通量的不同来自动控制
按操纵方式不同	普通外后视镜		普通外后视镜为机械式结构，驾驶人用手来调整后视镜的上、下、左、右镜面角度；或驾驶人操纵车厢内的手柄，通过2或3根软轴的推拉传递力来改变外后视镜的角度；或后视镜的调整机构装在车门内板上，结构为杠杆式，驾驶人操纵车厢内的手柄，通过杠杆传递力来改变外后视镜的角度
	电动后视镜		电动后视镜的调整机构包括两个小型直流电动机、减速齿轮和离合器等。驾驶人通过车厢内的按钮即可调整外后视镜的角度。此种机构操作方便，但是其结构复杂，价格较高，多用于高档轿车

任务六　认知电动后视镜的组成与原理

一、任务引入

电动后视镜主要由镜片、永磁式驱动电动机、传动机构和控制开关等组成。每个后视镜都有两套驱动装置，由电动后视镜开关进行操纵，其中一个电动机和传动机构用于后视镜水平方向的转动，另一个电动机和传动机构用于后视镜垂直方向的转动。

二、任务目标

1）了解电动后视镜的组成。

2）掌握电动后视镜的工作原理。

3）掌握常见车型电动后视镜的电路。

4）培养学生的创新思维，提高学生的创新能力，弘扬时代精神。

三、相关知识

1. 电动后视镜的组成

电动后视镜的结构和典型开关如图5-40所示。它主要以枢轴为中心，由使后视镜能上下、左右方向灵活变换位置的两个独立的微电动机、永磁铁和霍尔集成电路等构成。根据霍尔集成电路产生的信号电压，可对后视镜的所在位置进行检测。

2. 电动后视镜的工作原理

图5-41所示为电动后视镜控制系统的基本原理。当控制开关向下扳时，触头B与触头D、C及E分别相通，电流经电源→触头E→触头C→电动机→触头B→触头D→搭铁，电动机转动使后视镜做垂直方向运动；当开关向上扳时，触头B与E、C与D分别接触，电流经电源→触头E→触头B→电动机→触头C→触头D→搭铁，由于流过电动机的电流发生改变，因此电动机反方向转动，后视镜做水平方向运动。

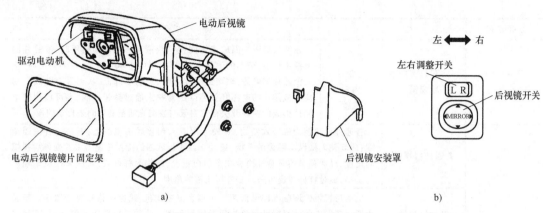

图 5-40　电动后视镜的结构和典型开关

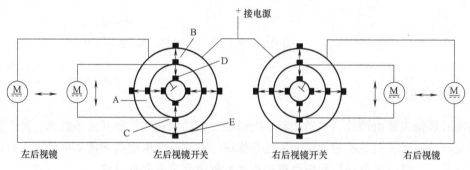

图 5-41　电动后视镜控制系统的基本原理

3. 常见车型电动后视镜电路

下面以本田雅阁轿车和通用别克君威轿车的电动后视镜电路为例，说明电动后视镜控制电路的工作原理。

（1）本田雅阁轿车电动后视镜控制电路（带除霜器）　图 5-42 所示为本田雅阁轿车电动后视镜的控制电路，下面以左侧后视镜为例简单分析其工作过程。此电动后视镜开关中上面的 4 个开关为共用的后视镜方向调节开关，下面 2 个开关为控制左侧或右侧电动后视镜的联动分开关。

1）左侧后视镜向下倾斜。如图 5-42 所示，首先将电动后视镜开关中下面的联动分开关拨至"左"位置，然后按下"下"，此时电路的电流方向为蓄电池正极→熔丝 22 和 23→点火开关→熔丝 30→电动后视镜开关端子 6→联动开关"下"的左端→左侧后视镜开关→电动后视镜开关端子 9→左电动后视镜"上下"调节电动机→电动后视镜开关端子 2→左侧后视镜开关→联动开关"下"的右端→搭铁 G501（G601），左侧后视镜实现向下倾斜。

2）左侧电动后视镜向上倾斜。此时，电动后视镜开关中下面的联动开关依然在"左"的位置，按下"上"，电流的流向为蓄电池正极→熔丝 22 和 23→点火开关→熔丝 30→电动后视镜开关端子 6→联动开关"上"的右端→左侧后视镜开关→电动后视镜开关端子 2→左电动后视镜"上下"调节电动机→电动后视镜开关端子 9→左侧后视镜开关→联动开关"上"的右端→搭铁 G501（G601），左侧后视镜实现向上倾斜。

电动后视镜左右运动的电路分析与此类似，此处不再赘述。

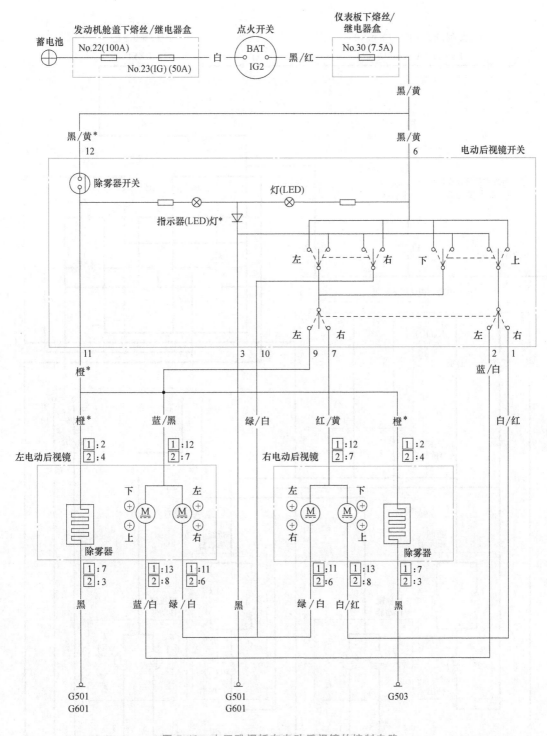

图 5-42　本田雅阁轿车电动后视镜的控制电路

　　有的电动后视镜还带有可折回功能，由折回开关控制折回电动机工作，使整个后视镜回转伸出或缩回。本田雅阁轿车可折回电动后视镜控制系统电路如图 5-43 所示。

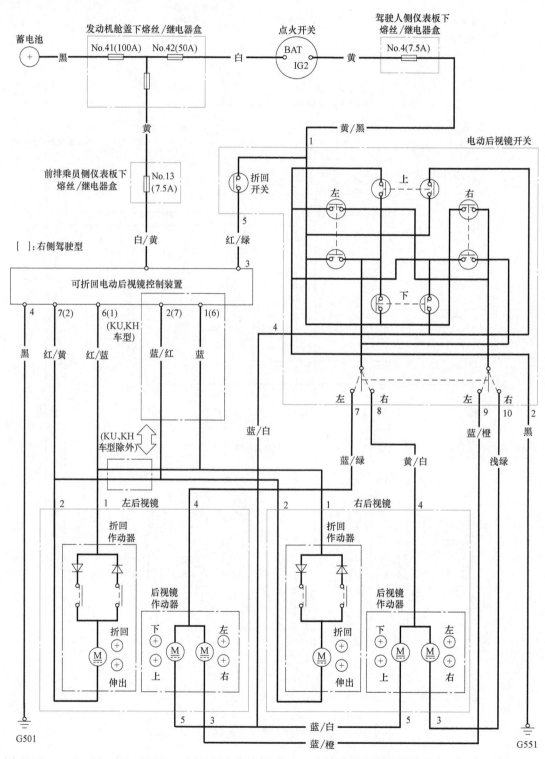

图 5-43　本田雅阁轿车可折回电动后视镜控制系统电路

电动后视镜的折回是通过后视镜开关上的折回开关（图 5-44）控制的，该开关通过可折回电动后视镜控制装置控制左右两镜伸缩电动机工作，来完成折回功能。

图 5-44　带有折回功能的后视镜开关

（2）通用别克君威轿车电动后视镜控制电路

1）2003 款别克君威轿车电动后视镜电路如图 5-45 所示。

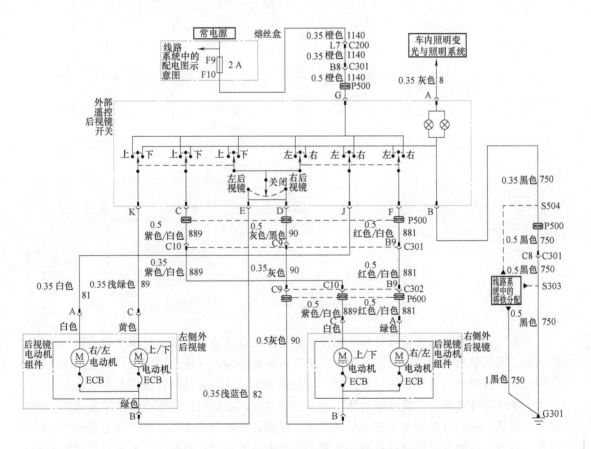

图 5-45　2003 款别克君威轿车电动后视镜电路

2）2009 款无记忆功能电动后视镜电路如图 5-46 所示。

3）2009 款带记忆功能左侧、右侧电动后视镜电路如图 5-47、图 5-48 所示。

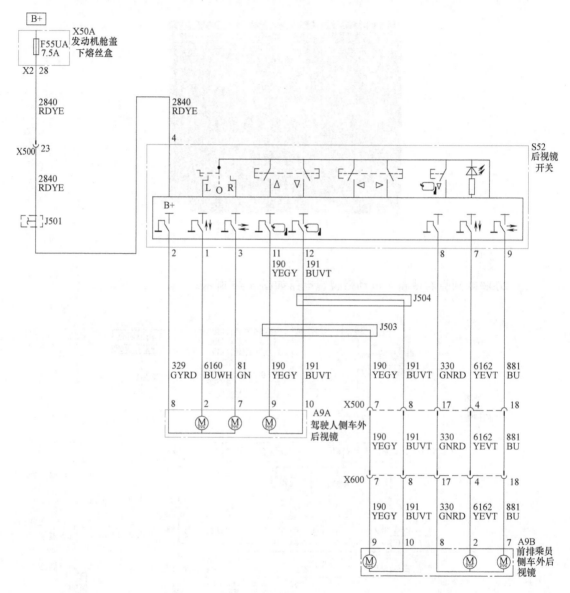

图 5-46　2009 款无记忆功能电动后视镜电路

　　车外后视镜开关和前排乘员侧车窗开关是连接在以座椅位置记忆模块作为主体的串行电路上的。后视镜选择和方向控制开关通过串行数据电路输入座椅记忆模块。当座椅记忆模块收到车外后视镜开关的开关信号输入时，后视镜输出指令会通过串行数据电路发送至相应的开关。车外后视镜开关和前排乘员侧车窗开关通过双向电动机控制电路来控制左侧和右侧的车外后视镜。电动机控制电路在未起动状态会浮动，开关会在必要时给控制电路提供电源和搭铁，以按指令的方向移动后视镜。后视镜位置由各电动后视镜的水平和垂直位置传感器来确定。车外后视镜开关和前排乘员侧车窗开关为这些传感器提供一个 5V 参考电压、低参考

电压、水平和垂直位置信号电路。信号电路通过开关得到 5V 参考电压，信号电路电压水平表示后视镜位置。后视镜位置通过串行数据电路被发送至座椅记忆模块，此处是为后视镜操作存储数据的位置。当座椅记忆模块收到一个记忆调用指令时，座椅记忆模块会给车外后视镜开关和前排乘员侧车窗开关发送到达位置的指令。然后，开关将驱动相应的后视镜电动机，以完成所指令的位置传感器设置。

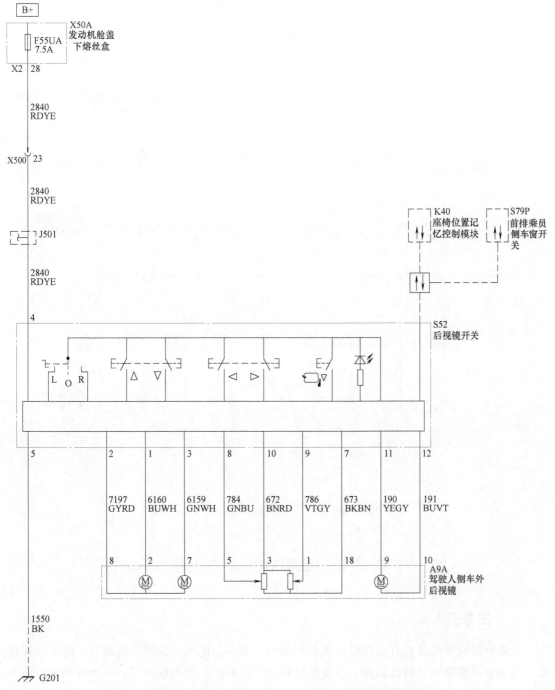

图 5-47　2009 款带记忆功能左侧电动后视镜电路

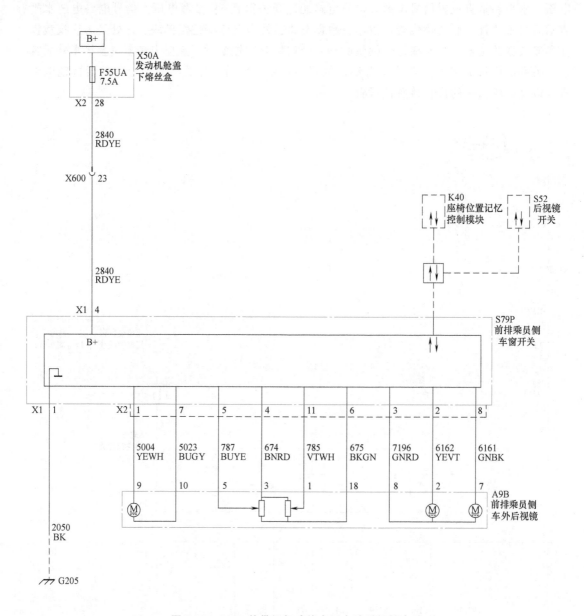

图 5-48   2009 款带记忆功能右侧电动后视镜电路

任务七   电动后视镜的检修

一、任务引入

电动后视镜常见故障有电动后视镜都不能调节和一个电动后视镜不能调节。电动后视镜都不能调节可能原因有熔丝断开、插接器松脱或线路断路、开关故障等。一个电动后视镜不能调节可能原因有插接器松脱或电路断路、电动机或开关故障。

二、任务目标

1）掌握电动后视镜部件的检测过程。
2）掌握电动后视镜的故障排除方法。
3）培养学生辨证认识问题的能力。

三、相关知识

1. 电动后视镜部件检测

（1）电动后视镜功能的检测　若电动后视镜工作不正常，应先拆下驾驶人侧车门板，再拆开电动后视镜开关的 10 芯插头，如图 5-49 所示，然后根据故障情况进行具体的检测。

1）左、右后视镜的综合检测。如果左、右后视镜均不工作，则应首先进行此项综合检查。

① 接通点火开关（ON），用万用表直流电压档检测端子 1 与车体搭铁之间的电压，其值应为蓄电池电压。如果被测电压很小或为零，则应检查：

a. 驾驶人侧仪表板下的熔丝/继电器盒中的 4 号（7.5A）熔丝是否熔断。

b. 检查图 5-49 所示与端子 1 相连接的黄/黑导线是否断路。

② 如果上述检测的电压为蓄电池电压，则应用万用表电阻档检测端子 2 与车体搭铁之间的导通情况。如果检测结果为不导通，则应做以下检查：

a. 检查图 5-49 所示与端子 2 相连接的黑色导线是否断路。

b. 检查 G551 是否搭铁不良。

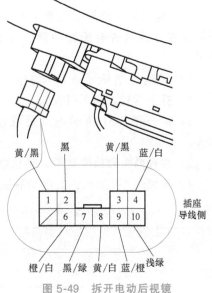

图 5-49　拆开电动后视镜
开关的 10 芯插头

c. 如果检测结果为导通，则应按上述方法分别检查左、右后视镜的工作情况。

2）左后视镜的检测。使用跨接线将端子 1 与 7 相连，再将端子 4（或 9）与车体搭铁线相连接。接通点火开关（ON），此时，左后视镜应向下倾斜（或向左转）。

① 如果左后视镜不能向下倾斜（或向左转），则应检查左后视镜与 10 芯插头之间的蓝/白（或蓝/橙）导线是否断路。如果导线正常，则检查左后视镜起动器的工作是否正常。

② 如果左后视镜既不能向下倾斜，也不能向左转，则说明其黑/绿导线有短路或断路故障。

③ 如果后视镜工作正常，则应检查左后视镜开关是否有故障。

3）右后视镜的检测。使用跨接线将端子 1 与 8 相连接，再将端子 4（或 10）与车体搭铁相连接。接通点火开关（ON），此时右后视镜应向下倾斜（或向左转）。

① 如果右后视镜不能向下倾斜（或向左转），则应检查右后视镜与 10 芯插头之间的蓝/白（或浅绿）导线是否断路。如果导线正常，则检查右后视镜起动器的工作是否正常。

② 如果右后视镜既不能向下倾斜，也不能向左转，则说明其黄/白导线有短路或断路

故障。

③ 如果右后视镜工作正常，则应检查右后视镜开关是否有故障。

（2）电动后视镜开关的检测

1）拆下驾驶人侧车门板。

2）从电动后视镜开关上拆开图 5-50 所示的 10 芯插头。

3）按照表 5-8 所列，检测电动后视镜开关在各开关位置时端子之间的导通情况。

4）按住电动后视镜可折回开关，检测端子 1 与 5 之间的导通情况，其结果应为导通。

如果检测的结果与上述要求不符，则应检查相应端子的连接导线是否有断路故障，必要时更换被检测的开关。

（3）电动后视镜控制装置的检测

1）拆下驾驶人侧车门板。

2）拆开图 5-51 所示电动后视镜控制装置的 7 芯插头。

3）检查插头和插座端子，确认端子本身及其与插头的接触情况良好。

4）按照表 5-9 所列，对电动后视镜控制装置的 7 芯插头端子进行检测。

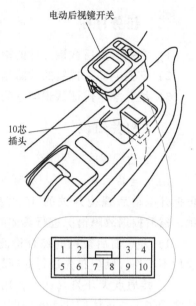

图 5-50　电动后视镜开关的 10 芯插头

表 5-8　电动后视镜开关在各开关位置时端子之间的导通情况

开关位置		端子						
		1	2	4	7	8	9	10
左 （L）	上	○	○		○			
	下	○	○	○	○			
	左	○					○	
	右		○			○		
右 （R）	上		○			○		
	下	○	○	○	○			
	左	○	○		○			○
	右		○				○	○

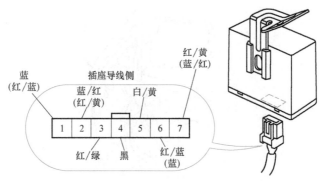

图 5-51 电动后视镜控制装置的 7 芯插头

表 5-9 电动后视镜控制装置的检测

端子号	连接导线颜色	检测方法	正常结果	异常结果及可能的故障原因
1	蓝	用跨接线将蓝端子与白/黄端子相连接,将蓝/红端子与黑端子相连接	右后视镜应折回	1)右折回起动器故障 2)端子连接导线断路
2	蓝/红	用跨接线将蓝/红端子与白/黄端子相连接,将蓝端子与黑端子相连接	右后视镜应伸出	
3	红/绿	接通点火开关(ON) 接通折回开关(保持)	对地电压为蓄电池电压	1)驾驶人侧仪表板下熔丝/继电器盒中 4 号(7.5A)熔丝熔断 2)电动后视镜中的折回开关故障 3)导线断路
4	黑	在任何情况下,检测端子与车体搭铁之间的导通情况	导通	1)搭铁线 G501、G551 搭铁不良 2)端子连接导线断路
5	白/黄	在任何情况下,检测端子与车体搭铁之间的电压	蓄电池电压	1)前排乘员侧仪表板下的熔丝/继电器盒中的 13 号(7.5A)熔丝熔断 2)端子连接导线断路
6	红/蓝	用跨接线将红/蓝端子与白/黄端子相连接,将红/黄端子与黑端子相连接	左后视镜应折回	1)左折回起动器故障 2)端子连接导线断路
7	红/黄	用跨接线将红/黄端子与白/黄端子相连接,将红/蓝端子与黑端子相连接	左后视镜应伸出	

(4) 电动后视镜起动器的检测

1) 拆下驾驶人侧车门板。

2) 如图 5-52 所示,从电动后视镜上拆开其 6 芯插头。

3) 按照表 5-10 和表 5-11 所列,使端子与电源线 (+) 或搭铁线 (−) 相连接,检查后视镜起动器的工作情况是否符合表中的要求。

2. 电动后视镜的故障排除

(1) 两侧后视镜均不工作的故障排除

1) 拆下驾驶人侧车门板。

2) 断开电动后视镜开关的 10 芯插头 (图 5-50)。

3) 在接通点火开关的情况下,用万用表直流电压档检测端子 1 与车体搭铁之间的电压。若电压为 12V (即蓄电池电压),说明电源正常;若电压为 0V,则驾驶人侧仪表板下的熔丝/继电器盒中 No.4 熔断器熔断或 1 号 (黄/黑) 导线断开。

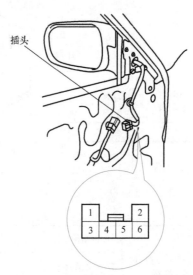

图 5-52　电动后视镜的 6 芯插头

表 5-10　电动后视镜起动器的检测

开关位置	端子		
	5	4	3
向上倾斜	(+)	(-)	
向下倾斜	(-)	(+)	
向左转		(+)	(-)
向右转		(-)	(+)

表 5-11　折回起动器的检测

开关位置	端子	
	1	2
从伸出位置折回	(-)	(+)
从折回位置伸出	(+)	(-)

4）用万用表电阻档检测端子 2 与车体搭铁之间的导通情况。若电阻为 0，说明搭铁良好；若电阻为∞，则端子 2 断开。

5）用万用表电阻档检测 G551 搭铁点的情况。若电阻为 0，说明搭铁良好；若电阻为∞，则搭铁不良。

（2）左后视镜不工作的故障排除　如图 5-53 所示，用跨接线将端子 1 与 7 相连，再将端子 4 与 2 相连，此时接通点火开关（ON）。

1）若左后视镜向下倾斜，说明开关或搭铁不良；若不向下倾斜，则为 4 号线断开或起动器故障。

2）如果左后视镜不能向下倾斜（或不向左转），则检查左后视镜与 10 芯插头之间的蓝/白（或黄/橙）导线是否断路。如果导线正常，则检查左后视镜起动器。

3）如图 5-54 所示，用跨接线将端子 1 与 7 相连，再将端子 9 与 2 相连，此时接通点火开关（ON），左后视镜向左倾斜，说明开关或搭铁不良；若不向左倾斜，则为 9 号线断开或

起动器故障。

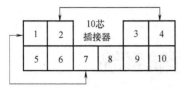

图 5-53 左后视镜向下倾斜的检测

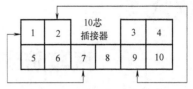

图 5-54 左后视镜向左倾斜的检测

（3）右后视镜不工作的故障排除 如图 5-55 所示，用跨接线将端子 1 与 8 相连接，端子 4 或 10 与车体搭铁相连接。接通点火开关时，右后视镜应向下倾斜（或向左转）。

1）如果后视镜不能向下倾斜（或不向左转），则检测右后视镜与 10 芯插头之间的蓝/白（或浅绿）导线是否断路。

2）如果后视镜既不能向下倾斜也不向左转，则修理黄/白导线。

3）如果后视镜工作正常，则检查后视镜开关。

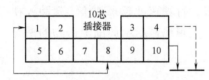

图 5-55 右后视镜向下倾斜的检测

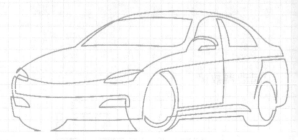

模块六

汽车防碰撞系统与导航系统

任务一 认知汽车防碰撞系统

一、任务引入

目前道路上汽车越来越多，行驶速度越来越快，驾驶人在行车时稍有不慎就可能发生碰擦事故。汽车防碰撞系统可以直观地显示出周围障碍物的情况，帮助驾驶人前进、倒车或泊车，提高了驾驶的安全性。

二、任务目标

1）了解汽车防碰撞系统的功能及组成。
2）掌握汽车防碰撞系统的工作原理。
3）激发学生奋发图强的意志品格。

三、相关知识

1. 汽车防碰撞系统的功能

汽车防碰撞系统是一种主动安全系统，是一种可向驾驶人预先发出视听警告信号的探测装置，其作用主要是解决汽车行驶的安全距离问题。当汽车行驶超过了安全距离时，汽车雷达防碰撞系统立即报警甚至自动采取减速措施，使车辆处于安全状态。

在正常行驶的情况下，防碰撞系统处于非工作状态；当车辆行驶接近前车车尾时，防碰撞系统立刻发出警告；在发出警告后，若驾驶人没有采取制动、减速等措施，防碰撞系统便启动紧急制动装置，使车辆减速，以免发生追尾事故。汽车防碰撞控制系统如图 6-1 所示，它具有行车环境监测、防碰撞预测和车辆控制功能。

（1）行车环境监测功能　位于车辆前部的激光扫描雷达能够判定车辆前方物体的距离和方位，并与路面情况传感器共同承担环境监测功能。

（2）防碰撞预测功能　防碰撞分析系统对前、后障碍物的距离和方位以及路面信号进行分析，提取有用数据，进行危险性判断，输出必要的警告信号或应急车辆控制信号。

（3）车辆控制功能　根据防碰撞系统输出信号的控制，可实现对防抱死制动系统或转向系统的自动操作。自动操作系统处于工作状态时，如果驾驶人的操作制动力大于自动控制系统提供的制动力，则驾驶人的操作有效，这样可保证自动操作系统失灵时驾驶人控制的制动系统仍然起作用。

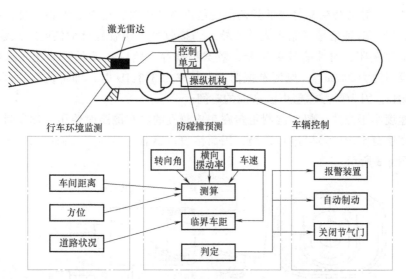

图 6-1　汽车防碰撞控制系统

　　测定汽车行驶安全距离的主要方法：超声波测距、激光雷达测距、电磁波测距、CCD（光电耦合器）摄像元件测距。

　　2. 测距系统的结构及工作原理

　　（1）超声波测距　超声波（声纳）作为一种特殊的声波，具有声波传输的基本物理特性，即反射、折射、干涉、衍射、散射等。超声波测距就是利用超声波的反射特性，由超声波发射器不断地发出 40kHz 超声波，超声波遇到障碍物后反射回反射波，超声波接收器接收到反射波信号，并将其转换为电信号，测出发射与接收到反射波的时间差 t，即可求出障碍物到汽车的距离 s（$s = \frac{1}{2}ct$，式中 c 是超声波声速），并将距离用数字显示出来，如图 6-2 所示。

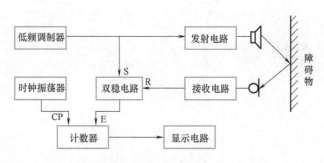

图 6-2　超声波测距原理

　　一般情况下，可以认为声速是基本不变的，如果测距精度要求很高，可以通过温度补偿的方法加以校正。不同温度下在空气中的声速见表 6-1。

表 6-1　在空气中声速与温度的关系

温度/℃	-30	-20	-10	0	10	20	30	100
声速/(m/s)	313	319	325	332	338	344	349	386

图 6-2 中的发射电路在发射受低频调制的超声波的同时，使双稳电路置位，此时计数器的闸门 E 被打开，时钟信号开始进入计数器。当接收电路接收到反射波时，双稳电路复位，计数器闸门 E 被关闭，时钟信号被切断，数据被锁存，然后经译码驱动在显示器上被锁存的数值。假设声速为 343m/s，则时钟振荡器的频率为 343kHz 时，即可认为显示器上的读数需要 170.15kHz，因为要考虑超声波来回的时间。

因声波速度小于光速，超声波测距多在车速较慢的倒车测距时使用。倒车时，要求对水平方向更大宽度范围内的障碍进行预测，因而接收传感器一般使用长轴在水平方向的椭圆形扬声器，如图 6-3 所示。

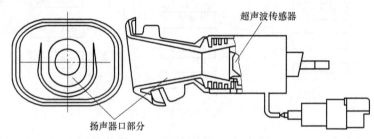

图 6-3　超声波传感器及扬声器

（2）激光雷达测距　早期的激光雷达测距利用车辆发出多支激光束，根据被障碍物反射回来的时间差来计算车与障碍物的距离。目前使用的扫描式激光雷达不但能确定前方障碍物的距离，而且能确定其方位。其一般安装在车辆前端的中央位置，将测得的前面车辆的距离及方位信号送入防碰撞预测系统。

扫描式激光雷达的扫描角和视域如图 6-4 所示。激光束的视域窄并呈肩形，即水平面上较薄、垂直面上呈肩形；激光束可在较宽的范围内快速扫描，并通过激光束的能量密度消除因车辆颠簸引起的误差。

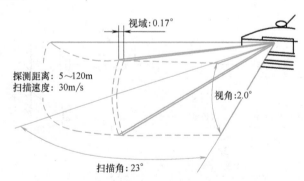

图 6-4　扫描式激光雷达的扫描角和视域

通常，激光雷达扫描监测范围在 5~120m，以保证在潮湿路面上，后车减速制动后不至于碰撞前面暂停的车辆。扫描式激光雷达防碰撞系统的工作流程如图 6-5 所示。其防碰撞的判断是先从激光雷达所获得的车距与方位的数据组中抽取有用的数据，依据后车的动力学特性进行车辆路径的估算。行车路径估算的半径 R 是根据车速和转角第一次估算的半径 R_1，以及车速和横向摆动速率第二次估算的半径 R_2 来确定的，通常选用估算半径 R_1 和 R_2 的较小值。

（3）电磁波测距　汽车电磁波测距防撞系统利用电磁波发射后遇到障碍物反射的回波，

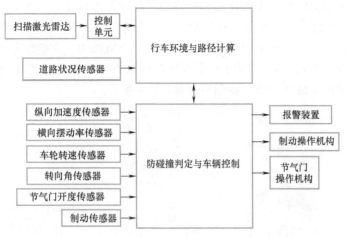

图 6-5 扫描式激光雷达防碰撞系统的工作流程

对其不断地检测，计算与前方或后方障碍目标的相对速度和距离。经分析判断，对构成危险的目标按程度不同进行报警，控制车辆自动减速，直到自动制动。

1）电磁波测距防撞系统的组成及工作原理。汽车电磁波测距防碰撞系统主要由发射机、天线、收发开关、接收机、信号处理与微处理器、控制电路等组成，如图 6-6 所示。

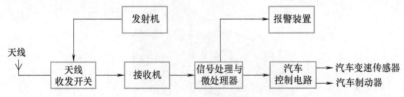

图 6-6 汽车电磁波测距防碰撞系统组成及工作原理

当发射机采用微波调频连续波调制时，在车辆行进中，雷达窄波束向前发射调频连续波信号，经天线向空间辐射电磁波（其传播速度就是光速）。当发射信号遇到目标时，被反射回来被同一天线接收，经混频放大处理后，可用其差频信号间的相差来表示雷达与目标的距离，把对应的脉冲信号经微处理器处理计算可得到距离数值，再根据差频信号相差与相对速度关系计算出目标对雷达的相对速度。微处理器将上述两个物理量代入危险时间函数数学模型后，即可算出危险时间。当危险程度达到各种不同级别时，分别输出警告信号或通过车辆控制电路去控制车速或制动。

2）汽车电磁波测距系统的功能。

① 测速测距。

② 对前方 100m 内危险目标提供声光报警。

③ 兼备汽车黑匣子功能。

④ 自动巡航（行驶过程中自动保持与前面行驶车辆之间的距离）。

⑤ 紧急情况下启动制动系统。

3. 汽车防碰撞系统的组成

汽车倒车防碰撞系统由超声波传感器（俗称探头）、控制单元和显示器（或蜂鸣器）等组成。奥迪 A6 轿车超声波防碰撞系统分为两种类型：四通道式，装有 4 个超声波传感器，

均匀地安装在汽车后保险杠上未喷漆的部位内，其控制原理如图 6-7 所示，在车上的安装位置如图 6-8 所示；八通道式，在前、后保险杠上都有传感器，其防碰撞控制单元安装在行李舱内的车轮罩上方，卡在挂车识别控制单元下方的一个框架内。声响信号是由车辆前部的一个发声器和后部的一个发声器（四通道式的只有后部的）发出的，可以通过停车辅助开关来手动激活或关闭停车辅助功能，控制原理如图 6-9 所示。

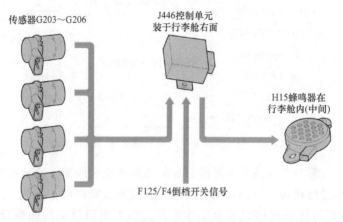

图 6-7　奥迪 A6 轿车四通道倒车防碰撞系统控制原理

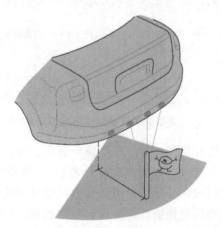

图 6-8　奥迪 A6 轿车超声波传感器在车上的安装位置

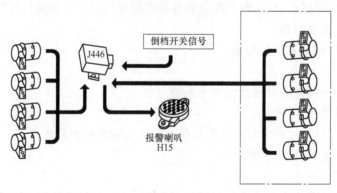

图 6-9　八通道式倒车防碰撞系统的控制原理

J446—超声波倒车防碰撞系统控制单元

奥迪 A6 轿车的超声波传感器（图 6-10）主要由一个无线电收发机和一个整理器构成，既是执行元件，又是传感器；既发射信号，也接收信号。控制单元向 4 个超声波传感器中的一个发出命令，该传感器即发出超声波，4 个传感器都接收超声波的回波。在超声波传感器内，整理器将回波信号转换成数字信号，并将其传递到控制单元。控制单元根据回波的传播时间计算出与障碍物之间的距离。

当挂上倒档时，超声波倒车防碰撞系统即开始工作，发出"嘟嘟"的声音，表明该系统状态良好。

当车辆与障碍物相距 1.6m 时，可听见间歇报警声。离障碍物越近，声音越急促。如果距离小于 0.2m，则连续发出报警声。报警区域如图 6-11 所示。报警声间隔及音量用故障检测仪 VAG 1551 设定。

由于超声波在空气中会逐渐衰减，离车辆较远的障碍物反射强度弱，不易被检出，为了能使障碍物的位置分辨得更清楚，超声波传感器将车后方划分成左、中、右 3 个检测区，系统带有故障自诊断功能。

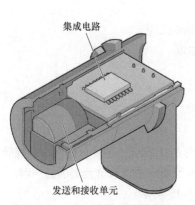

图 6-10 超声波传感器的结构

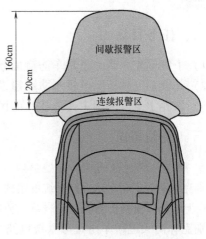

图 6-11 超声波防碰撞系统报警区域

4. 倒车防碰撞系统的工作原理

倒车防碰撞系统一般采用超声波测距原理，在控制单元的控制下，由超声波传感器发射超声波信号，超声波遇到障碍物时产生回波信号。传感器接收到回波信号后经控制单元进行数据处理，判断出障碍物的位置，由显示器显示距离并发出其他警告信号，使驾驶人及时得到警告。障碍物的大小、方向、形状等可以通过超声波测量出来，但受体积大小及实用性的限制，目前其主要功能仅为判断障碍物与车辆的距离。高档车的倒车雷达一般都带显示器，例如液晶显示彩屏倒车雷达、图像加数字显示倒车雷达等，其原理是把倒车雷达主机的信号送到显示器。

5. 多媒体倒车雷达

多媒体倒车雷达的组成主要有：4 颗雷达探头，1 个摄像头，1 台倒车雷达主机（主要是倒车雷达模块），1 个液晶显示屏。这种多媒体倒车雷达可以使驾驶人在不转头的情况下，实时了解车后的信息和监测车辆尾部的情况。不过，驾驶人能得到的信息与传感器和摄像头的安装位置和偏向的角度有关。4 颗雷达探头安装在汽车尾部保险杠的左右和中间部分。每个雷达探头的作用夹角是左右各 35°。数码摄像头的安装位置一般在高处，并根据实际情况

调校角度，以使探测到的视野在合适的范围内，克服侧面可能会形成的盲点。如果调整合适，则液晶显示屏幕完全可以作为辅助倒车镜。但倒车雷达在变速杆拨到倒档时才接通，因此还有一套转换开关来控制。数字显示给驾驶人提供一个处理后的有关障碍物距离的客观数据，避免由于依靠感觉而导致失误。

总体来说，这种倒车雷达的实用性很强，精度较高，适合在复杂条件下辅助倒车，例如夜晚、旁边车辆排列较密集、车位较小的情况。

任务二　别克林荫大道轿车防碰撞系统检修

一、任务引入

别克林荫大道轿车的防碰撞系统又称为物体检测系统（驻车辅助系统），其配置取决于车型。别克林荫大道轿车装备了双物体检测系统。双物体检测系统能检测和显示车辆前部和后部的物体。

二、任务目标

1）了解别克林荫大道轿车防碰撞系统的功能和检测机理。
2）掌握别克林荫大道轿车防碰撞系统故障码的诊断。
3）培养学生以爱国主义为核心的民族精神。

三、相关知识

1. 别克林荫大道轿车防碰撞系统的认识

别克林荫大道轿车防碰撞系统的组成及安装位置如图 6-12 所示，主要包括汽车前保险杠和后保险杠上的物体检测传感器、控制单元和后窗台上的扬声器及信息娱乐单元上的扬声器。

别克林荫大道轿车防碰撞系统电路如图 6-13～图 6-15 所示。

图 6-12　别克林荫大道轿车防碰撞系统的组成及安装位置
1—后物体检测传感器控制模块总成和后物体检测传感器警报器总成　2—后物体检测传感器总成
3—前物体检测传感器总成

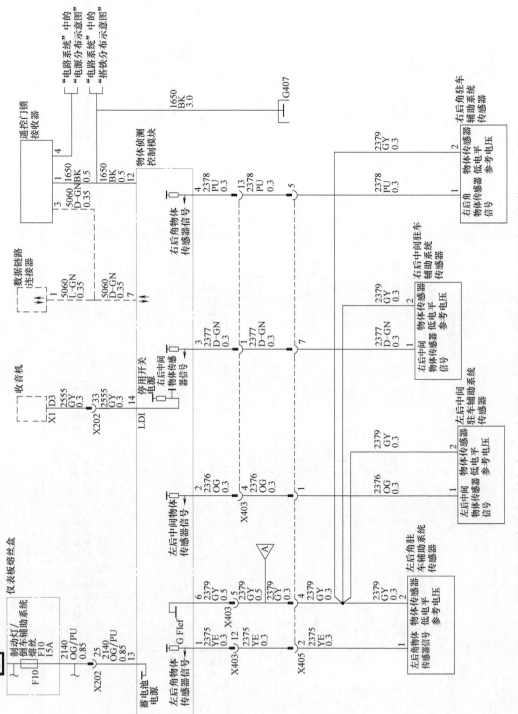

图6-13 别克林荫大道轿车防碰撞系统电路（防碰撞系统电源、搭铁和后物体检测传感器）

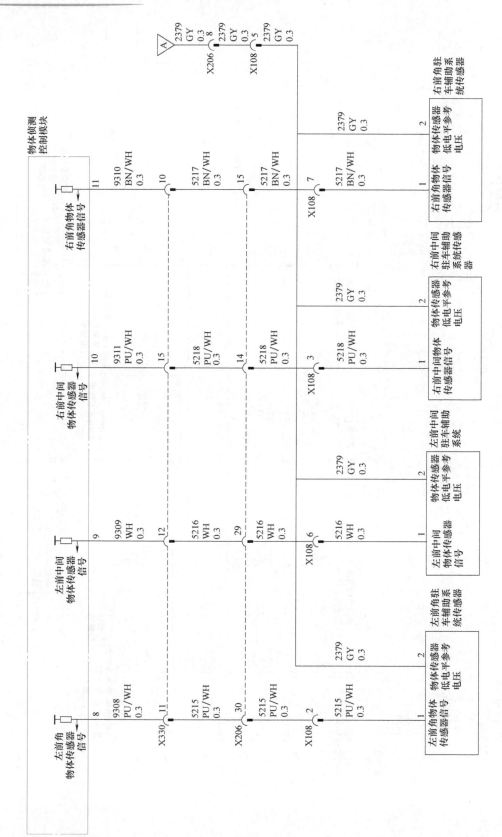

图6-14 别克林荫大道轿车防碰撞系统电路（前物体检测传感器）

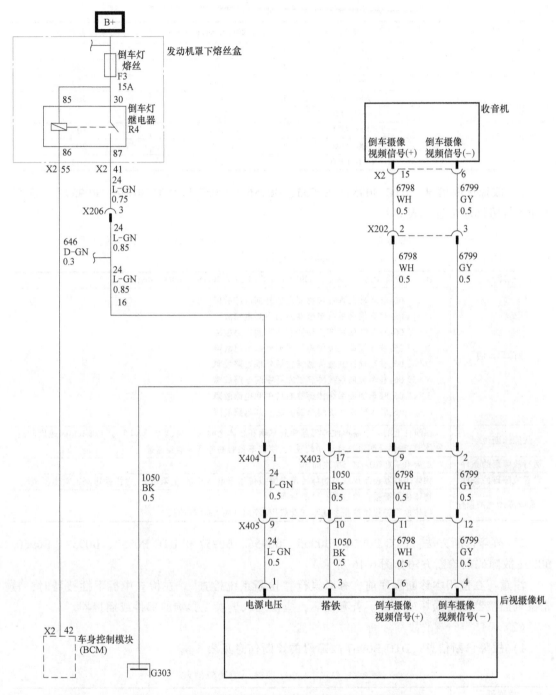

图 6-15 别克林荫大道轿车防碰撞系统电路（后视摄像机）

后物体检测系统警告提示音和前物体检测系统警告提示音的规范见表 6-2。

2. 别克林荫大道轿车防碰撞系统故障码的诊断

（1）DTC B0954、B0955、B0956、B0957 和 DTC B0958、B0959、B0960、B0961 故障码的诊断信息

表6-2　别克林荫大道轿车防碰撞系统警告提示音的规范

提示音	距离/mm	持续鸣响时间/ms	持续静音时间/ms
后物体检测系统警告提示音	小于400	持续	
	400～800	100	100
	800～1200	100	200
	1200～1500	100	300
前物体检测系统警告提示音	小于400	持续	
	400～600	100	100
	600～800	100	200
	800～1200	100	300

1）故障诊断信息。DTC B0954、B0955、B0956、B0957 和 DTC B0958、B0959、B0960、B0961 故障诊断信息见表6-3。

表6-3　DTC B0954、B0955、B0956、B0957 和 DTC B0958、B0959、B0960、B0961 故障码的诊断信息

故障码	DTC B0954、B0955、B0956、B0957 和 DTC B0958、B0959、B0960、B0961
故障码说明	B0954 06：驻车辅助系统传感器左前外部电路故障 B0955 06：驻车辅助系统传感器左前中间电路故障 B0956 06：驻车辅助系统传感器右前中间电路故障 B0957 06：驻车辅助系统传感器右前外部电路故障 B0958 06：驻车辅助系统传感器左后外部电路故障 B0959 06：驻车辅助系统传感器左后中间电路故障 B0960 06：驻车辅助系统传感器右后中间电路故障 B0961 06：驻车辅助系统传感器右后外部电路故障
故障诊断说明	保险杠上的4个超声波传感器检测车辆和物体之间的距离，当汽车以低于17km/h的速度驶近物体时，物体检测系统将通知驾驶人，使驻车更容易并帮助避免碰撞
运行故障码的条件	点火电压在10～15.5V之间
设置故障码的条件	物体传感器控制模块至物体传感器警报传感器电路开路、电阻过高、对搭铁短路或对电源短路
设置故障码时的操作	物体检测警报模块设置一个故障码 物体检测警报模块指令驻车辅助启用/停用开关 LED 灯熄灭

2）故障诊断方法：DTC B0954、B0955、B0956、B0957 和 DTC B0958、B0959、B0960、B0961 故障码的诊断方法如图6-16所示。

注意：在使用本诊断程序前，务必执行"诊断系统检查"。在检查中拆下插接器时，首先检查插接器是否损坏或腐蚀。若有损坏，应修理或更换受影响的部件或插接器。

（2）DTCB0967 的故障诊断

1）故障诊断信息。DTC B0967 故障码的诊断信息见表6-4。

表6-4　DTC B0967 故障码的诊断信息

故障码	DTC B0967
故障码说明	DTC B0967 02：驻车辅助开关电路对搭铁短路
故障诊断说明	驻车辅助系统启用/停用开关允许驾驶人在要求时启用/停用驻车辅助系统。驻车辅助开关从物体传感器警报模块得到电源电压，该电源电压通过驻车辅助系统启用/停用开关搭铁
运行故障码的条件	点火电压在10～15.5V之间
设置故障码的条件	物体传感器警报模块检测到启用/停用开关电路对搭铁短路超过10s
设置故障码时的操作	物体检测警报模块设置一个故障码 物体检测警报模块指令驻车辅助启用/停用开关 LED 灯熄灭

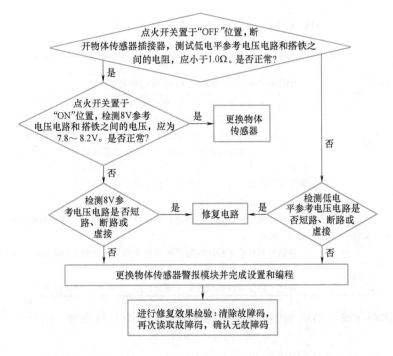

图 6-16 DTC B0954、B0955、B0956、B0957 和 DTC B0958、
B0959、B0960、B0961 故障码的诊断方法

2) 故障诊断方法。DTC B0967 故障码的诊断方法如图 6-17 所示。

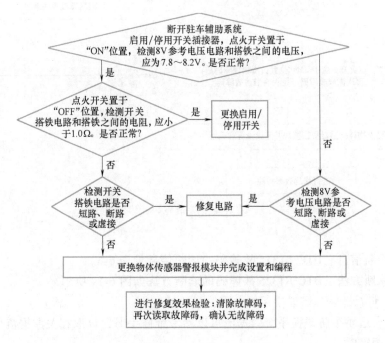

图 6-17 DTC B0967 故障码的诊断方法

（3）DTC B1015 的故障诊断

1）故障诊断信息。DTC B1015 故障码的诊断信息见表 6-5。

表 6-5　DTC B1015 故障码的诊断信息

故障码	DTC B1015
故障码说明	DTC B1015 00：车辆识别代号（VIN）信息错误
故障诊断说明	当点火开关置于"ON"位置，物体检测警报模块执行自检以诊断自身的关键性故障。当物体检测警报模块系统完成加电模式时，物体检测警报模块将通过串行数据通信电路与车身控制模块（BCM）建立通信。车身控制模块随后把车辆识别代号（VIN）发送到物体检测警报模块。物体检测警报模块将接收到的信息与存储器中的数据进行对比。如果存储器中的数据与车身控制模块发送的信息不匹配，物体传感器警报模块会设置一个故障码并指令驻车指示灯熄灭
运行故障码的条件	点火电压在 10~15.5V 之间
设置故障码的条件	物体检测模块存储的车辆识别代号数字与存储在车身控制模块中的车辆识别代号数字不匹配 存储于车身控制模块中的车辆识别代号与车辆的车辆识别代号不匹配
设置故障码时的操作	物体检测警报模块设置一个故障码 物体检测警报模块指令驻车辅助启用/停用开关 LED 灯熄灭

2）故障诊断方法。DTC B1015 故障码的诊断方法如图 6-18 所示。

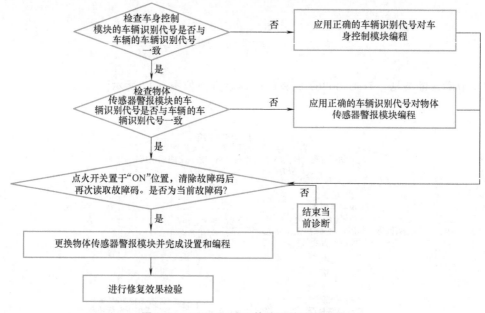

图 6-18　DTC B1015 故障码的诊断方法

（4）DTC B1325 的故障诊断

1）故障诊断信息。DTC B1325 故障码的诊断信息见表 6-6。

2）故障诊断方法。DTC B1325 故障码的诊断方法如图 6-19 所示。

3. 别克林荫大道轿车防碰撞系统数据流的诊断

别克林荫大道轿车防碰撞系统数据流可以参考维修手册，读取相关数据流可以检查系统各部件工作是否正常。

表 6-6 DTC B1325 故障码的诊断信息

故障码	DTC B1325	
	B 1325 03	B 1325 07
运行故障的条件	点火电压在 10~15.5V 之间	
故障诊断说明	物体传感器警报模块监视至物体传感器警报模块的输入电压,如果电压高于或低于预定的阈值,设置故障码	
设置故障码时的操作	物体检测警报模块设置一个故障码 物体检测警报模块指令驻车辅助启用/停用开关 LED 灯熄灭	
故障码说明	装置电源电路电压低于阈值	装置电源电路电压高于阈值
设置故障码的条件	物体传感器警报模块检测到电源电压低于9V	物体传感器警报模块检测到电源电压高于16V

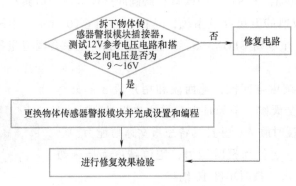

图 6-19 DTC B1325 故障码的诊断方法

任务三 认知全球定位系统和汽车导航系统

一、任务引入

当驾驶汽车在陌生区域行驶,特别是在难以看清道路标志和周围景色的夜间行车时,会迷失方向。即使在白天明确目的地及行车路线的情况下,在交通比较拥挤的城市中驾车时,也需要根据市内各地区、各街道的汽车堵塞情况进行及时的导向指引,需要各种导向行驶系统来确定其本身的方向和位置,才能快速到达目的地。为此世界各国先后开发了各式各样的导向行驶系统,即汽车导航系统。

二、任务目标

1) 了解 GPS 的发展历史。

2) 了解汽车 GPS 导航系统的组成。

3) 掌握汽车 GPS 导航系统的工作原理。

4) 引导学生养成认真负责的工作态度,增强学生的责任担当。

三、相关知识

1. 全球定位导航系统

全球定位系统（Global Positioning System，GPS）最初是美国发明和建立的。卫星定位导航即利用卫星给目标进行定位，严格地讲是利用卫星定位导航系统提供的位置、速度及时间等信息来完成对各种目标的定位、导航、监测和管理等。它在野外勘探、陆路运输、海上作业以及航空航天等诸多行业中占据了重要地位。

1994 年，美国全面建成具有在海、陆、空进行全方位实时三维导航与定位能力的卫星导航与定位系统（GPS）。

1995 年，俄罗斯全球导航卫星系统（Global Navigation Satellite System，GLONASS）组网成功并投入运营。

2008 年 1 月 17 日，中国北斗卫星导航定位系统启动。中国北斗卫星导航系统（BeiDou Navigation Satellite System，BDS）是中国自行研制的全球卫星导航系统，也是继 GPS、GLO-NASS 之后的第 3 个成熟的卫星导航系统，其标志如图 6-20 所示。中国北斗卫星导航系统（BDS）和美国 GPS、俄罗斯 GLONASS、欧盟 GALILEO 是联合国卫星导航委员会已认定的供应商。

北斗卫星导航系统由空间段、地面段和用户段 3 部分组成，可在全球范围内全天候、全天时为各类用户提供高精度、高可靠定位、导航、授时服务，并且具备短报文通信能力，已经初步具备区域导航、定位和授时能力，定位精度为厘米级别，测速精度 0.2 米/秒，授时精度 10 纳秒。

2020 年 7 月 31 日上午，北斗三号全球卫星导航系统正式开通。全球范围内已经有 137 个国家与北斗卫星导航系统签下了合作协议。随着全球组网的成功，北斗卫星导航系统未来的国际应用空间将会不断扩展。

图 6-20　中国北斗卫星
导航系统标志

2. 汽车 GPS 导航系统的组成

汽车 GPS 导航是借助 GPS 及车载电子地图，在电子地图上给驾驶人规划出到达目的地的最佳行车路线，并配有专业导航语言及文字导航信息，引导驾驶人正确驾驶至目的地。汽车 GPS 导航系统主要由 GPS 接收天线、GPS 接收机、导航 ECU、可视显示器及位置检测装置等组成，如图 6-21 所示。GPS 车辆营运管理系统结构示意图如图 6-22 所示。

汽车 GPS 导航系统在车上的安装位置如图 6-23 所示。绝对位置的检测采用 GPS，相对位置的检测采用方向传感器（罗盘传感器通过检测地球的磁场，确定汽车的行驶方向；光纤陀螺仪通过测定汽车转弯速度，确定汽车行驶方向），并利用车轮转速传感器根据汽车转弯时方向上的变化，测量车辆的行驶距离。其原理框图如图 6-24 所示。

汽车 GPS 导航系统包括 3 大部分：空间部分——卫星及星座，地面控制部分——地面监控系统，用户设备部分——GPS 信号接收机。

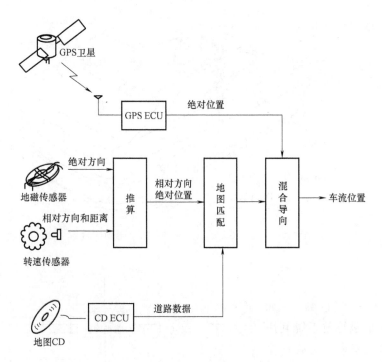

图 6-21 汽车 GPS 导航系统的组成

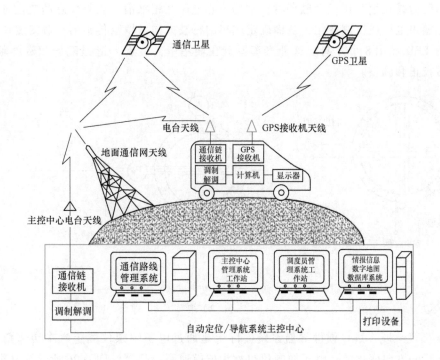

图 6-22 GPS 车辆营运管理系统结构示意图

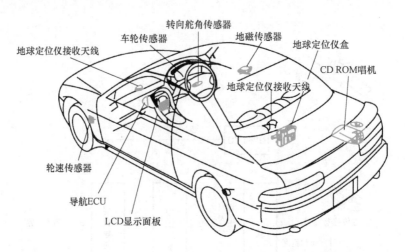

图 6-23　汽车 GPS 导航系统在车上的安装位置

3. 汽车 GPS 导航系统的工作原理

（1）地磁导航系统　如图 6-25 所示，地磁导航系统利用地磁作为导向的基准，它有一个双线圈发电机型地磁矢量传感器作为方位传感器（罗盘传感器）。当激磁线圈加载交流电压时，磁

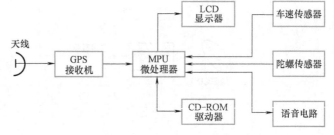

图 6-24　汽车 GPS 导航系统原理框图

场中心的磁力线发生变化。无磁场时，磁场中心电压互相抵消。当外部磁场变化时，磁力线不对称，输出电压成比例变化，从而确定汽车的行驶方向。罗盘传感器一般安装在内后视镜中，并用 LED 显示 8 个方向。这种汽车罗盘在使用中，由于人造强磁场和磁屏蔽等作用，需要经常校正和调整。

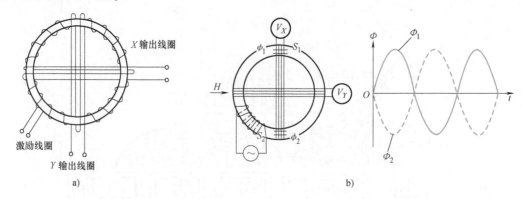

图 6-25　罗盘传感器

a）结构　b）原理

（2）惯性导航系统　惯性导航系统实际上是通过电子陀螺仪测定汽车转弯角速度，来确定汽车行驶方向变化的。电子陀螺仪也称为偏航速率传感器，图 6-26 所示为其组成框图。

传感器内封入氦气，由气泵压出氦气，并使气体通过装有两个金属加热线圈的检测器。当汽车直线行驶时，氦气同时通过两个加热金属线圈，使其均匀冷却，达到热平衡，电路的输出电压为 0。

当汽车的行驶方向发生变化时，则产生复合力，如图 6-27 所示，通过金属线圈的气流发生变化，热线圈冷却失衡，在电桥电路中产生输出电压，由此电压即可确定汽车行驶的角速度。在明确汽车行驶速度和行驶时间的情况下，就可检测出汽车的方位和转弯行驶距离。如果与地图结合，再加上显示装置，就可进行汽车导航并描绘汽车行驶的路径。

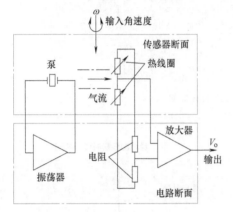

图 6-26　电子陀螺仪的组成框图

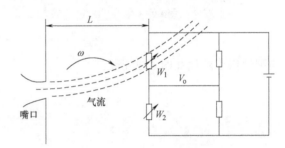

图 6-27　电子陀螺仪的检测原理

这种导航是相对导航，其精确性虽然不受信号影响，但与车速计算、道路倾斜度计算和存入地图是否正确有直接关系，并在下列情况下会造成车辆定位错误：

1）发动机停止后，移动车辆（用渡轮或拖车移动车辆，车辆在回转台上旋转）。

2）轮胎打滑造成行驶偏差。

3）轮胎滚动直径变化（胎压异常、轮胎规格不正确）造成行驶偏差。

4）在笔直或几乎没有弯道的高速公路上连续行驶造成导航发生偏差。

产生的上述错误会不断积累放大，因而需要经常重新定位校正，基本是每次出发前都要进行定位——选择出发地和目的地。

（3）自行导航　如图 6-28 所示，当汽车行驶在地下隧道、高层楼群、高架桥下、高山群间、密集森林等地段与 GPS 卫星失去联系时，在中断信号的瞬间，机内可自动导入自行导航系统。

自行导航系统是利用在汽车上安装角速度传感器（陀螺传感器）和车速传感器，根据车辆的行驶轨迹计算车辆的相对位置，从而测定汽车当前位置的。

（4）地图匹配器　由 GPS 导航与自行导航（包括车速传感器、陀螺传感器）所测到的汽车坐标位置数据及前进的方向与实际行驶的路线轨迹在电子地图上都存在一定误差。为修正这两者的误差，确保两者在电子地图上路线坐标相统一，必须采用地图匹配技术，即在导航系统控制电路中要增加一个地图匹配电路，对汽车行驶路线（各处传感器检测到的轨迹）与电子地图上的道路误差进行实时数字相关匹配，做出自动修正。经过导航电控单元（ECU）的整理程序进行实时快速处理，得到汽车在电子地图上指示出的正确位置和路线。

汽车行驶中接收到的 GPS 信息、陀螺传感器检测到的正确前进方向和车速传感器检测出的前进距离这 3 组数据经过电子地图匹配器得到自动修正，从而可完成高精度导航。地图

图 6-28　车辆与 GPS 卫星失去联系

匹配器修正路线如图 6-29 所示。

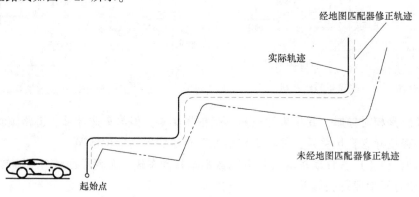

经地图匹配器修正轨迹

实际轨迹

未经地图匹配器修正轨迹

起始点

图 6-29　地图匹配器修正路线

　　在以下情况或者难以接收 GPS 信息的情况下，汽车位置可能是错误的，此时显示器的当前位置标记需要手动修正：

　　1）在地图匹配中，判断了汽车当前行驶道路并重新定位后，将显示到达目的地的可选线路及其优先顺序，如果距离或方向有误差，到达目的地的可选线路将以不同的优先顺序显示，从而避免错误线路。

　　2）新的道路没有记录在地图中时，或者由于道路维修使所记录的道路分布与实际不相符时，地图匹配不能正常工作。当所行驶的道路不在地图中时，地图匹配功能可能找到另外的道路和位置，并在其上做出当前位置标记。

　　（5）RF 调制解调器和 RF 天线　使用 RF 调制解调器和 RF 天线接收主控中心发出的信息，同时可反控汽车，实现动态导航。通过 RF 调制解调器建立与交通信息系统（VICS）的联系，得到交通堵塞、道路障碍、施工、停车场情况及交通规则变化等实时交通信息，帮助驾驶人做出快速反应，解决城市交通堵塞问题。

　　4. 汽车 GPS 导航系统功能

　　汽车 GPS 导航系统一般由两部分组成：一部分由安装在汽车上的 GPS 接收机和显示设备组成，如图 6-30 所示；另一部分由计算机控制中心组成，两部分通过定位卫星进行联系。

计算机控制中心是由机动车管理部门授权和组建的，它负责随时观察辖区内指定监控的汽车动态和交通情况。

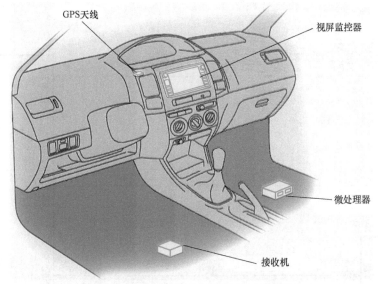

图 6-30　汽车 GPS 导航系统车上部件示意图

任务四　汽车导航系统检修

一、任务引入

别克林荫大道轿车导航系统使用 GPS 卫星发送的信号定位车辆当前所在位置，其 GPS 天线位于车顶，向导航单元传送信号的同轴电缆同时向 GPS 天线供电。

日产颐达豪华版轿车配置了导航系统，此导航系统根据 3 种信号周期计算车辆当前的位置：

① 根据车速传感器所确定的车辆行驶距离。

② 根据陀螺仪确定（即角速度传感器）的转弯角度。

③ 根据 GPS 天线所确定的行驶方向。

通过这 3 种信号可计算出车辆的位置和从 DVD-ROM 所读取的地图数据确定车辆的当前位置，并在屏幕上显示出当前位置标记。

二、任务目标

1）掌握别克林荫大道轿车导航系统的检修方法。

2）掌握日产颐达（TIIDA）轿车车载导航系统的检修方法。

3）培养学生团结协作精神和诚实守信的科学态度。

三、相关知识

1. 别克林荫大道轿车导航系统检修

如果信号被高楼或大树阻挡，则系统可能出现干扰。别克林荫大道轿车导航系统电路如图 6-31 所示，部件安装位置如图 6-32 所示。其常见的故障症状及排除方法有以下几种情况。

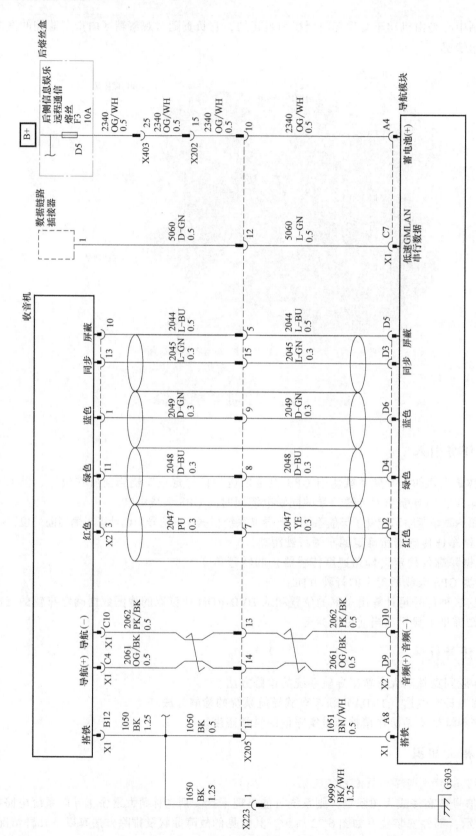

图 6-31　别克林荫大道轿车导航系统电路

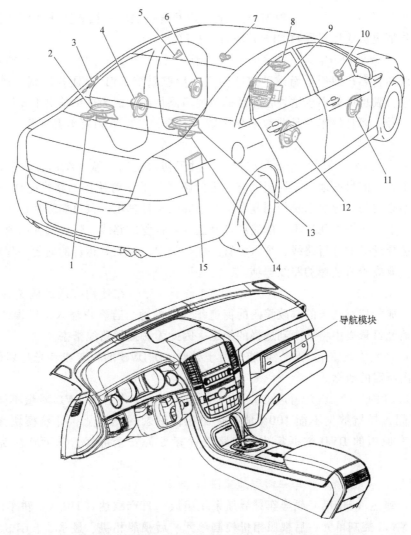

图 6-32　别克林荫大道轿车导航系统部件的安装位置

1—左后环绕声扬声器　2—左后超低音扬声器　3—分集式天线模块　4—左后车门扬声器　5—车顶导航天线
6—左前车门扬声器　7—左前仪表板高音扬声器　8—仪表板中央扬声器　9—信息娱乐总成　10—右前仪
表板高音扬声器　11—右前车门扬声器　12—右后车门扬声器　13—右后超低音扬声器
14—右后环绕声扬声器　15—超低音扬声器放大器

（1）导航系统 DVD 读出故障　即导航系统不能起动或没有可行的输入目标。导航系统 DVD ROM 数据的处理是一个相当复杂的技术过程，不能和音乐 CD 直接比较。因此，数据面上的指印或积灰会导致读盘故障。只有光盘的外部边缘或中心孔可以触碰。应该用一块软布从中心孔向外部边缘轻轻地擦去数据面上的指印或灰尘，导航功能可恢复正常。在这种情况下，不必更换设备。

（2）暂时性的导航系统 DVD 读出故障　在外界温度低或空气湿度非常大的情况下，在导航系统 DVD 激光头上可能产生露珠。在这种情况下，系统将需要用稍微长的时间来计算路线。在结露的情况下，音像系统不能聚焦激光读取光盘数据。一旦受热，露珠将在短时间内蒸发，导航系统也将正常运行。

（3）导航系统偏离道路　有时 GPS 卫星可能发送错误的数据或变化的信号值，也会由于多路径接收情况造成反射导致 GPS 接收发生故障。

（4）无法选择预期目的地，或者在路线指导过程中系统暂时偏离道路　导航系统可能偏离道路，例如，客户使用了新建的道路但它在导航系统 DVD 上还找不到。在停车库中、隧道或峡谷中行驶也可能出现这种暂时性的偏离道路情况。因为这种情况下导航系统无法正确接收卫星信号，而且停车库是非数字化区域。故障的其他原因可能是使用了陈旧的 DVD 数据盘。

（5）客户没有得到所需的导航路线指南　对于初次使用导航系统的客户来说，如驾驶人选择了一个著名的目的地，他期望系统给出的路线与他平时使用的路线完全一样。但是，实际上这是不必要的。导航系统使用复杂的数学算法会计算出一条可能和客户预期有差别的路线，然而，系统将提供几种不同的路线计算选项：推荐的路线、优先选择高速公路、无通行费路线、选择最短的可行路线、个人设置路线等选项。有关到达目的地的路程和时间的路线计算结果，取决于所选择的路线选项。

（6）输入的目的地（街道名称）与邮政编码不匹配　在使用邮政编码选择目的地时，系统将只列出那些带有选定的邮政编码的街道作为目的地。若客户输入了错误的邮政编码，导航单元在地址目录表中将找不到选择的街道，因此无法提供路线指南。

（7）导航系统路线指南中断　可能是由于导航 CD/DVD 的积灰或者光盘划伤，使导航系统无法读出所需的数据。

（8）自刻录的导航 DVD 引起的导航系统故障　由于市售的 DVD 质量不同和采用的刻录标准不同，导航数据不能 100% 地被存储在自刻录的光盘上，导航模块无法正常读取数据。只有原版的 DVD 数据盘才能使路线计算更为安全可靠，从而产生完美的导航效果。

2. 日产颐达（TIIDA）轿车车载导航系统检修

（1）日产颐达（TIIDA）轿车车载导航系统组成　日产颐达（TIIDA）轿车的车载导航系统主要由 NAVI 控制单元、后视照相机控制单元、后视照相机、显示器、GPS、GPS 天线等组成。其安装位置如图 6-33 所示，其控制电路如图 6-34 所示。

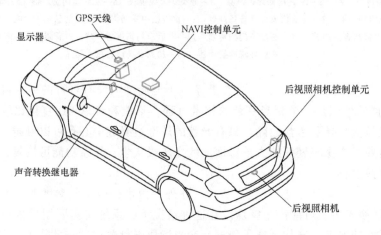

图 6-33　日产颐达（TIIDA）轿车的车载导航系统安装位置

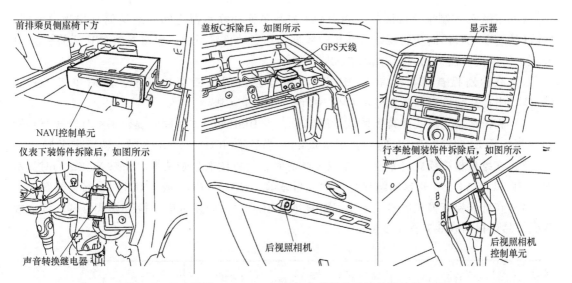

图 6-33 日产颐达（TIIDA）轿车的车载导航系统安装位置（续）

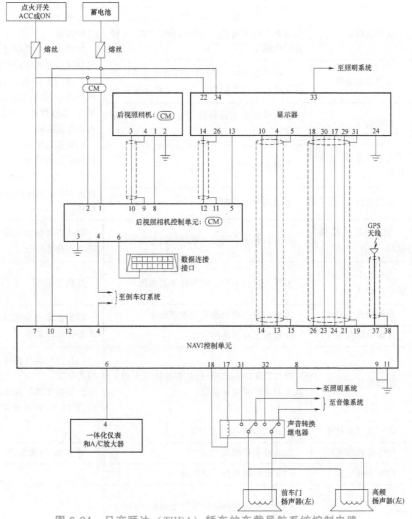

图 6-34 日产颐达（TIIDA）轿车的车载导航系统控制电路

（2）NAVI 控制单元自诊断　当 NAVI 控制单元和显示器之间的通信信号出现故障时，NAVI 控制单元自诊断功能可以诊断出故障部件。启动自诊断时，应按下 MENU 开关—DEST 开关，然后同时按下 MAP 开关和 DISP 开关。

1）在诊断检查屏幕上单击 MENU 开关即会出现诊断菜单屏幕，然后单击 Service Check，当在诊断检查屏幕上显示 GPS NG 时，应检查 GPS。

2）在维修检查模式屏幕上读取诊断结果，当 DISP 和 NAVI 同时显示 OK 时，转至步骤 3）；当显示 EXCH 或 CHEK 时，转至步骤 4）；当显示 NCON 或 NRES 时，转至步骤 5）。

3）在维修检查模式屏幕上单击 LAN Mon 时，可以读取诊断结果。如果 No Err 同时显示在 DISP 和 NAVI 上，则诊断结果为正常；当显示 CHEK、NCON 或 NRES 时，转至步骤 5）。

4）在维修检查模式屏幕上单击 EXCH 或 CHEK 时，即显示单元检查模式屏幕。读取故障码，然后根据表 6-7 进行诊断。

表 6-7　导航系统故障码表

单元代码	故障码	诊断项目	说明	采取措施
01	D6	没有主设备	当点火开关置于 ON 位置时，记录该代码的设备可能未连接。当代码被记录时，主设备被拆卸了	1）检查故障码记录设备的电源和搭铁电路 2）检查 NAVI-DISP 与 DISP-NAVI 通信线路是否有开路和短路 3）进行上述检查后，如果没有发现何故障，更换 NAVI 控制单元或显示器，然后启动 NAVI 控制单元自诊断来清除故障码 4）清除故障码后，重新启动 NAVI 控制单元自诊断。如果没有检测到相同的故障码，则诊断结束。如果检测到相同的故障码，则更换其他设备
	D7	连接检查故障	发动机起动后，存储该代码的设备可能没有连接。或在存储该代码后，主设备被断开	
	DC	传输故障	次代码所显示设备的传输以前没有正常工作	
	DD	主设备重置（短暂开启）	发动机起动后，主设备已被断开	
	DF	主设备故障	显示器发生故障	
	E0	登记结束提醒故障	没有接收到主设备完成登记的提醒命令	即便正常也会记录这些代码。不需要特殊的措施
	E2	ON/OFF 指示器参数故障	主设备控制 ON/OFF 的命令有故障	更换显示器
	E3	登记请求传输	由辅助设备输出的登记请求命令	即便正常也会记录这些代码。不需要特殊的措施
	E4	多路结构失效	在线路上有多路结构传输	
58	10	陀螺仪故障	检测到陀螺仪故障（传感器输出电压指示超过限定时间的异常值）	1）检查汽车传感器屏幕的陀螺仪输出状况 2）如果陀螺仪输出电压超过标准值，更换 NAVI 控制单元
	11	GPS 接收器故障	检测到 GPS 接收器故障	更换 NAVI 控制单元
	12	GPS 接收器故障	GPS 接收器的 RTC 故障	
	40	GPS 天线故障	GPS 天线插头断开或故障	
	41	GPS 天线电源故障	GPS 天线信号电路有异常电压或短路	

（续）

单元代码	故障码	诊断项目	说明	采取措施
58	42	地图 DVD-ROM 故障	地图 DVD-ROM 数据不能读入	
	43	车速信号故障	GPS 信号的输入状况与车速信号不一致	1)检查汽车传感器屏幕的汽车速度信号 2)进行以上检查后,如果没有发现任何故障,则更换 NAVI 控制单元
	44	播放器故障	检查到地图 DVD-ROM 插入/退出故障	1)检查地图 DVD-ROM 插入/退出 2)如果插入/退出工作异常,则更换 NAVI 控制单元 3)如果插入/退出工作正常,启动 NAVI 控制单元自诊断,并且清除故障码 4)清除故障码后,重新启动 NAVI 控制单元自诊断 如果没有检测到相同的故障码,则诊断结束。如果检测到相同的故障码,则更换 NAVI 控制单元
	45	高温检测	NAVI 控制单元在高温情况下	1)将点火开关置于 OFF 位置,搁置一段时间 2)启动 NAVI 控制单元自诊断,并且清除故障码 3)清除故障码后,重新启动 NAVI 控制单元自诊断 如果没有检测到相同的故障码,则诊断结束。如果检测到相同的故障码,则更换 NAVI 控制单元

5）检查适合设备的电源和搭铁电路、NAVI 控制单元和显示器之间的通信信号导通性，然后维修有故障的零部件。如果正常，清除记录并再次执行自诊断。如果自诊断结果没有改变，更换合适的设备。

参 考 文 献

[1] 王菲，王秀贞. 汽车车身电控系统检修 [M]. 北京：上海交通大学出版社，2015.

[2] 毛峰. 汽车车身电控技术 [M]. 3 版. 北京：机械工业出版社，2016.

[3] 张俊. 汽车车身电控技术 [M]. 北京：中国人民大学出版社，2021.

[4] 殷振波，王莹. 汽车车身电控系统检测与维修 [M]. 北京：机械工业出版社，2019.

[5] 刘春晖，梁玉国. 汽车车身电控系统结构与检修 [M]. 北京：机械工业出版社，2017.

[6] 罗富坤. 汽车车身电控系统检测与修复 [M]. 2 版. 北京：机械工业出版社，2017.

[7] 郑尧军. 汽车车身电控系统检修 [M]. 2 版. 北京：清华大学出版社，2016.

[8] 岑业泉. 汽车车身电控系统维修 [M]. 北京：机械工业出版社，2016.

[9] 王丽梅，曲直. 汽车车身电控技术 [M]. 2 版. 北京：人民邮电出版社，2016.